本书系2020年度教育部哲学社会科学研究后期资助重大项目——华文教育用分类分级词表研究（20JHQ004）成果

语言计算与智能汉语教学

第八卷

华语教育用 分类分级词语表

刘 华 / 著

外语教学与研究出版社
北京

图书在版编目（CIP）数据

华语教育用分类分级词语表 ：汉文、英文 / 刘华著. -- 北京 ：外语教学与研究出版社，2021.7
（语言计算与智能汉语教学 ；第八卷）
ISBN 978-7-5213-2809-7

Ⅰ. ①华… Ⅱ. ①刘… Ⅲ. ①汉语－对外汉语教学－教学参考资料 Ⅳ. ①H195.4

中国版本图书馆 CIP 数据核字（2021）第 143591 号

出 版 人　徐建忠
责任编辑　杨　益
责任校对　崔　超
装帧设计　姚　军
出版发行　外语教学与研究出版社
社　　址　北京市西三环北路 19 号（100089）
网　　址　http://www.fltrp.com
印　　刷　北京捷迅佳彩印刷有限公司
开　　本　720×980　1/16
印　　张　19.5
版　　次　2021 年 7 月第 1 版　2021 年 7 月第 1 次印刷
书　　号　ISBN 978-7-5213-2809-7
定　　价　69.00 元

购书咨询：（010）88819926　电子邮箱：club@fltrp.com
外研书店：https://waiyants.tmall.com
凡印刷、装订质量问题，请联系我社印制部
联系电话：（010）61207896　电子邮箱：zhijian@fltrp.com
凡侵权、盗版书籍线索，请联系我社法律事务部
举报电话：（010）88817519　电子邮箱：banquan@fltrp.com
物料号：328090001

序

一、缘起

目前计算机辅助汉语教学主要集中在现代教育技术、多媒体和网络远程技术的应用上，这些都只是环境、工具等形式上的辅助。真正的智能汉语教学应该是基于语言内容计算的，特别是与汉语信息处理技术密切相关，涉及语料库语言学、句法语义分析、统计语言模型、数据挖掘等领域，主要集中在汉语教学资源的智能开发与利用上，如基于大规模语料库，自动获取词语搭配、计算词语常用度与例句难易度、文本自动分级、智能测试等。

基于语言计算的智能汉语教学研究将为自动化教材编写与学习词典编撰、数字化汉语教学资源建设、智能备课、汉语移动学习等提供重大帮助。

基于大规模汉语教学语料库，针对汉语教学中的听说读写四项基本技能，我们在智能化的影视汉语教学、专门用途汉语教学、多媒体口语常用会话资源建设、阅读分级、作文自动评测以及分级分类常用词表、词汇等级大纲与领域词表建设、汉语移动学习方面，进行了一些创新性的探索[1]。

在此基础上，我们将近年来利用语料库和计算语言学方法进行的汉语教学研究方面的理论思考、资源建设和智能教学方法上的探索，凝练成文，以“语言计算与智能汉语教学”为题，形成了这套多卷本图书。

二、内容介绍

本套书共包括6本理论研究著作和3本汉语教学常用词表。

6本理论研究著作都是基于语料库和语言计算方法的面向智能汉语教学的理论、方法方面的研究成果。

3本汉语教学常用词表则是基于上述理论著作中的语料库和语言计算方法构建

1 详见：www.languagetech.cn

的与商务汉语教学、华语教学、汉语口语教学理论相配套的分类分级的教学资源。

每本书的具体内容简介如下：[2]

（一）《语料库语言学——理论、工具与案例》

该书主要介绍了语料库、语料库语言学的基本概念，语料库建设的原则与方法，语料库加工标注的基本内容，以及该书语料统计所涉及的基本术语与方法。

“汉语助研”[3]是一个综合了语料库建设、检索和统计功能的辅助汉语研究的软件系统，集成了基于语料库方法的汉语字、词、句、篇研究的各项辅助功能。这一系统能很好地满足汉语研究各方面的统计需求，各项功能具有较强的针对性和实用性。

该书主要以“汉语助研”系统的功能说明为例，介绍了语料库各方面的工具应用。同时，提供了各主要功能模块在具体的语言学研究中的使用案例。

大数据+统计+软件，让语言研究更轻松。

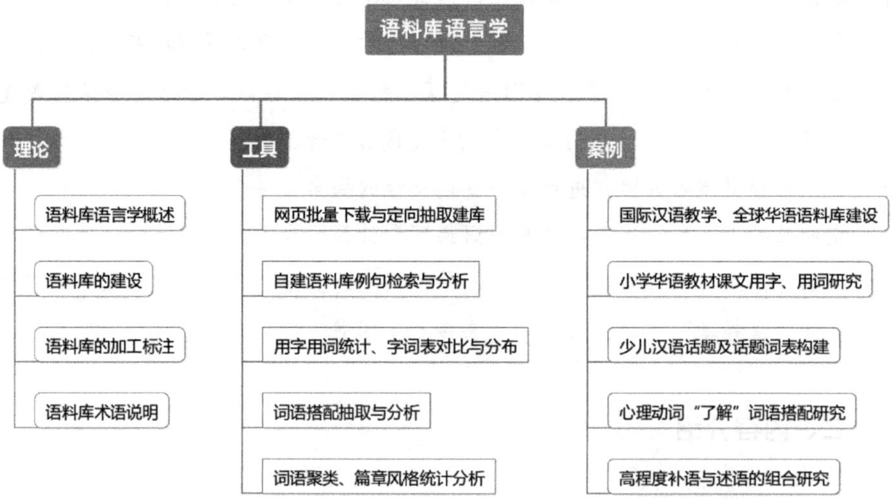

图1《语料库语言学——理论、工具与案例》章节结构

2 本套书将分几年先后成书出版，因此，此序言中各书的内容简介和章节结构图只是大致规划，各书最终的内容和章节结构可能与此有出入，下同。

3 下载网址：www.languagetech.cn

（二）《商务汉语分类分级常用词常用句研究》

该书立足于交际功能，基于商务汉语语料库，以交际图式、心理词库理论为指导，运用计算语言学方法，自上而下地将功能项目、会话、常用句和话题词表等商务汉语的交际因素结合起来，构建了商务汉语教学用功能项目分类的词语表、词汇等级大纲，以及常用句、构式、会话的分类分级资源库，以辅助商务汉语教学。

该书的研究方法可扩展到旅游汉语、中医汉语、电子商务汉语等分领域、分用途的专门用途汉语教学研究中。

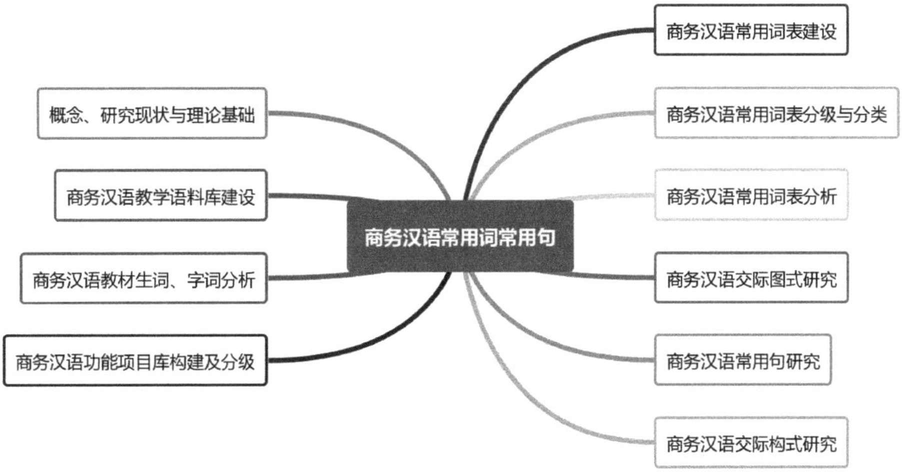

图 2《商务汉语分类分级常用词常用句研究》章节结构

（三）《华语教育用分类分级词表研究》

华语教育用词表的研制应该从华语作为第一语言（或近似第一语言）教学的特性出发，以交际功能为基础，以语文百科为主体，并参照中国中小学生的语文能力标准，兼顾东南亚地区的文化、地域特色词语。

方法上，该书创新了词语分级和词表建设的方法，构建了词汇时空分布模型，基于母语者、华语学习者书面语和口语语料库，计算词语常用度，构建了“华语作为第一语言教学的常用分级词表”“少儿华语教学主题分类词表”以及《华语词汇等级大纲》。

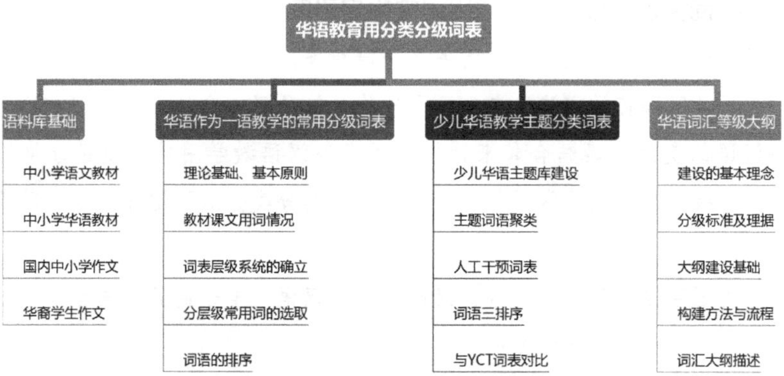

图 3《华语教育用分类分级词表研究》章节结构

（四）《汉语口语教学用话题分类分级常用词句式篇研究》

影视字幕是连续的对话流口语文本，是基于各个交际场景的话题的集合，影视频又是多媒体的、有趣的视听资源，非常适合用于多媒体汉语口语教学。

基于影视字幕资源、语言教学的“最简方案”和经济原则，我们结合“话题—交际图式—常用会话—常用句—交际构式—常用词”，构建了汉语口语教学最必需、最常用的，按话题分类、难度分级的会话、句子和词语资源。

该书重点探讨了影视汉语教学、话题教学、影视话题自动分割与分级方法，常用句、交际构式抽取与分级方法，以及词语聚类与分级的方法。

该书对于专门用途汉语教学、话题词表、词汇等级大纲建设有较大参考价值。

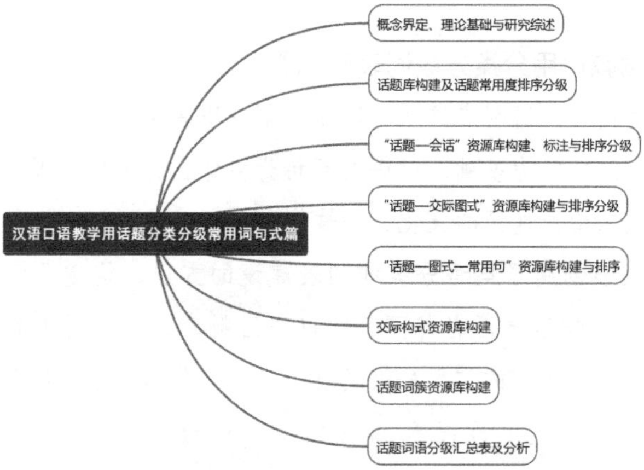

图 4《汉语口语教学用话题分类分级常用词句式篇研究》章节结构

（五）《汉语文本易读性分级及作文自动评测研究》

该书研究了影响文本易读性的主客观方面的多种因素，提出了基于内容的文本易读性计算、阅读自动分级、文本指难的整体解决方案。

在作文评测方面，与英语相比，汉语缺乏结构和形态标记，意合性、隐喻性更强，句子表层缺少可计算的语法规律形态和标记。因此，中文文本内容的深层分析和评测更难也更重要。目前，内容批改尚处于字词句的形式统计层面，较少触及作文的真正内容核心。该书在语法查错、语言艺术风格、主题内容、篇章结构计算方面做了一些初步探索。

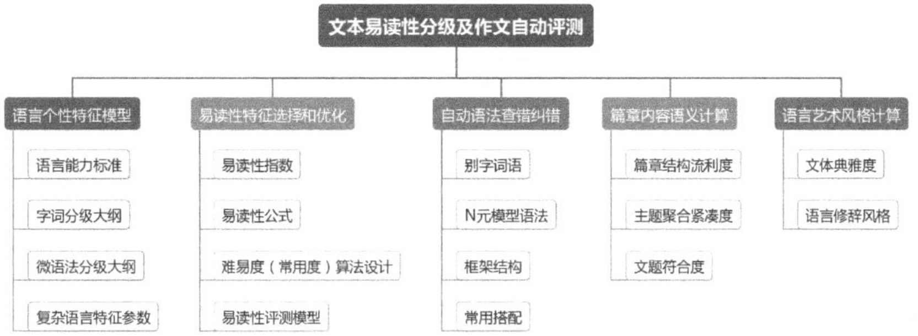

图 5《汉语文本易读性分级及作文自动评测研究》章节结构

（六）《汉语移动学习的理论与方法》

该书描写了汉语移动学习的生态、需求，基于汉语教学、移动学习特点，构建了汉语移动学习的三大理论体系；立足于内容计算的词汇时空分布模型与文本分类方法，研制了《汉语口语词汇等级大纲》和话题识别模型，从而构建“等级—水平”话题化、个性化、双向自适应的汉语移动学习模型；最后，基于智能教育、移动学习理念，利用影视短视频，设计了各种类型的APP系统方案。

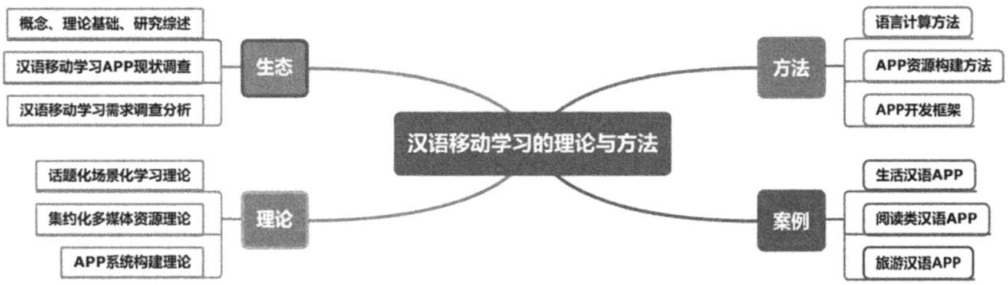

图 6《汉语移动学习的理论与方法》章节结构

（七）《商务汉语分类分级词语表》

包括“商务汉语功能项目分类分级常用词语表”（新BCT词表）和《商务汉语词汇等级大纲》。

“商务汉语功能项目分类分级常用词语表”按照120个商务功能项目，列出各功能项目的常用词语，词语同时配上了拼音、英语注释和在《商务汉语词汇等级大纲》中的等级。

业务类—谈判—代理

地区	dìqū	region	1
市场	shìchǎng	market	1
合作	hézuò	cooperate	2
签订	qiāndìng	conclude and sign	2
推销	tuīxiāo	promote sales	2
证书	zhèngshū	certificate	2
指定	zhǐdìng	appoint	2
厂商	chǎngshāng	manufacturer	3
承担	chéngdān	bear	3
代理	dàilǐ	act for	3
代理人	dàilǐrén	agent	3
独家	dújiā	sole	3

图7“商务汉语功能项目分类分级常用词语表”示例

《商务汉语词汇等级大纲》包括四个级别，共4515个词条。一级（初级）共497个词条，二级（中级一）共1121个词条，三级（中级二）共1232个词条，四级（高级）共1665个词条。

（八）《华语教育用分类分级词语表》

包括“少儿华语教学主题分类词表”和《华语词汇等级大纲》。

“少儿华语教学主题分类词表”按照59个二级主题，列出各主题的常用词语，共3735个词条，词语同时配上了拼音、英语注释和在《华语词汇等级大纲》中的等级。

个人信息—职业

大夫	dàifu	doctor	1
老师	lǎoshī	teacher	1
学生	xuéshēng	student	1
医生	yīshēng	doctor	1
工作	gōngzuò	work	2
教师	jiàoshī	teacher	2
警察	jǐngchá	police	2

图 8“少儿华语教学主题分类词表”示例

《华语词汇等级大纲》分为6个级别，共15,560个词条。

表 1《华语词汇等级大纲》各级词条数

级别	一级	二级	三级	四级	五级	六级	汇总
词条数	548	1396	2802	3893	4305	2616	15,560

（九）《汉语口语分类分级词语表》

包括“汉语口语话题分类分级词语表”和《汉语口语词汇等级大纲》。

“汉语口语话题分类分级词语表”按照7个一级话题、42个二级子话题，列出各话题的常用词语，共2382个词条。词语同时配上了拼音、英语注释和在《汉语口语词汇等级大纲》中的等级。

日常生活—银行

笔	bǐ	[for sums of money, financial accounts, etc]	1
存	cún	deposit	1
多少	duōshao	how much, how many	1
号	hào	number	1
块	kuài	[for silver dollars or paper money]	1
名	míng	name	1
钱	qián	money	1
取	qǔ	take, draw	1
元	yuán	*yuan*	1
护照	hùzhào	passport	2
换	huàn	change	2

图 9“汉语口语话题分类分级词语表”示例

《汉语口语词汇等级大纲》分为6级，共4461个词条。

表 2《汉语口语词汇等级大纲》各级词条数

级别	一级	二级	三级	四级	五级	六级	汇总
词条数	513	938	1200	920	641	249	4461

三、致谢

本套书能够顺利出版，要特别感谢我的学生们。他们为这套书提供了很多素材，有的参与了本套书的校对工作。他们是：

陈珏铭、陈绮琪、党瑞霞、方沁、郭婷婷、何婷、黄荣、黄少如、雷霄、黎景光、黎勇权、李洁、李晓源、梁姗姗、林春晓、刘金凤、陆佳幸、吕荣兰、王敏、叶婉君、于珊、于艳群、俞雪玲、郑婷、周妮

感谢外语教学与研究出版社以鞠慧老师、向凤菲老师、杨益老师为代表的强大能干的编辑团队。本套书内容文理交叉、数据庞杂，编辑校对难度较高，工作量很大，编辑老师们为此付出了很多时间和精力。

刘华

2021年6月于暨南大学

目 录

词表建设说明

一、总体概述

词汇在语言学习中有着举足轻重的地位。词汇是语言的建筑材料，语言系统中的其他单位如语法、语义等大多需要具体的词汇才能体现出来。

分级词表和词汇等级大纲是语言教学中关于词汇的基础性资源，是指导教材编写、词典编撰、课堂教学和语言测试的纲领性资源。长期以来，汉语教学主要面向汉语作为第二语言的成人学习者，而面向海外华裔学习者的华语教学并没有得到足够的重视。与汉语作为第二语言的成人学习者不同，海外华裔汉语学习者通常年龄较小（6—12岁），家庭语言常为汉语，汉语教学具有部分母语教学的性质。

目前，华语词汇教学通常基于汉语作为第二语言的词汇大纲。面向华裔学习者，特别是青少年华裔学习者的华语词汇等级大纲和少儿华语教学词表尚未建立。汉语作为第二语言的成人学习者和海外华裔学习者在语言基础、学习动机、学习环境、教学方法等方面都存在较大差异，不宜使用同一套词汇大纲。因此，研制面向海外华裔学习者的华语词汇等级大纲十分必要。

本项目围绕华语教育用词语的分类和分级问题进行探讨，建设“少儿华语教学主题分类词表”“华语作为第一语言教学的常用分级词表”[1]和《华语词汇等级大纲》。

（一）少儿华语教学主题分类词表

本项目将少儿华语词表、主题词表、话题词表研究三者相结合，基于语文百科性，以16套具有代表性的东南亚少儿华语教材为语料，构建了分层级的少儿华

1 本分级词表全表收录在《华语教育用分类分级词表研究》一书中，可作为本书涉及的“少儿华语教学主题分类词表”和《华语词汇等级大纲》的基础。

语主题库。进一步运用计算语言学的相关技术实现主题词语聚类，通过人工干预筛选出与主题密切相关、使用频率高、难度较低的词语，按相关度、常用度、华语词汇等级大纲进行排序。

少儿华语教学主题分类词表共10个大类、59个小类主题，3735个词条。例如，表1中，日常生活为大类，起居作息为小类主题。

表1 少儿华语教学主题分类词表示例

日常生活—起居作息			
常常	chángcháng	often	1[2]
分钟	fēnzhōng	minute	1
每天	měi tiān	every day	1
起床	qǐchuáng	get up	1
起来	qǐlái	get up	1
上午	shàngwǔ	morning	1
上学	shàngxué	go to school	1
晚上	wǎnshang	night	1
洗脸	xǐ liǎn	wash one's face	1

（二）华语词汇等级大纲

本项目从华语作为母语教学的特性出发，以交际功能为基础，以语文百科为主体，参照中国中小学生的语文能力，并兼顾东南亚地区的文化、地域特色词语，基于大规模语料库和计算语言学方法，构建面向华语教育的《华语词汇等级大纲》。此大纲分为6个等级，共15,560个词条（见表2），可作为海外华人地区编写华语教材、编撰华语词典、开展华语课堂教学与华语水平测试的依据。

2 此处的数字是词语在《华语词汇等级大纲》中的等级。

表2 《华语词汇等级大纲》总体情况

级别	词条数	用字种数	新增字种数	平均词长	在《汉语国际教育用音节汉字词汇等级划分》中的分布（%）				
					普及化	中级	高级	高级“附录”	纲外
一级	548	440	440	1.47	82.12	8.03	0.36	0	9.49
二级	1396	1065	731	1.75	43.74	29.63	9.09	0.21	17.32
三级	2802	1687	804	1.95	21.26	30.72	18.84	1.96	27.22
四级	3893	2114	604	2.16	7.59	20.83	27.99	7.05	36.53
五级	4305	2380	546	2.10	3.14	13.05	28.48	12.66	42.67
六级	2616	1995	363	2.18	1.60	13.45	32.44	14.44	38.06
汇总	15,560	3490		2.05	13.68	19.56	24.56	8.07	34.13

二、理论基础

（一）华语教学的独特性与华语教育用词表研制的必要性

目前，海内外汉语学习者越来越多，其中很大一部分是海外华人，面向海外华人的华语教育也日益得到重视。

东南亚的华语教学介乎第一、第二语言之间，在部分地区常作为第一语言教学或母语教学。华语教学除了语言教学之外，还重在中华文化的教学。学生通过母语学习，最终认同和传承中华文化。这一特点与面向非华裔学习者的汉语作为第二语言教学不同。华语教学常具有以下特点。

一是少儿性。学习者以华裔青少年为主，多以幼童为起点，在小学阶段成系统地学习。

二是语文性。力图以母语教育为特征，学习者有明显的中华文化背景和母语学习环境，重在通过语言学习，最终认同和传承中华文化。

三是百科性。母语特征的华语性决定了其教学内容偏重语文百科，这与汉语作为第二语言教学偏重语言交际功能不同，是华语教学的典型特点。

长期以来，华语教学与华语水平测试以《HSK词汇等级大纲》或《汉语国际教育用音节汉字词汇等级划分》作为词汇教学和测试的依据，并没有单独的词汇大纲。鉴于华语教学与华语测试的特殊性，HSK所适用的群体包括外国人、海外华裔和中国少数民族等，不同的目标群体使用同一种大纲体系的做法存在一定的盲目性。

如上所述，华裔青少年的华语教育偏重语文性和百科性，教学中对文化词汇和百科知识相关词汇有更高的要求，这类词汇在面向其他汉语学习者群体的词汇大纲中相对比较少见。因此，研制面向海外华裔学习者的词汇大纲是十分必要的。

（二）中小学语文教材辅助构建华语教育用词表的可行性

以马来西亚为代表的华语作为第一语言教学，兼有母语教学的特点以及文化传承作用，更接近国内的中小学语文教学。基于二者在这一方面的契合，中小学语文教材应该作为华语教学的一个很好的教学资源被利用起来。因此，本项目的研究对象纳入中小学语文教材的课文用词，构建与中小学语文教材课文常用词分级词表相对应的华语教育用词表和等级大纲。

（三）少儿华语教学主题分类的基本原则

少儿华语教学具有百科性的特点是由其学习者母语特征决定的。与国内小学语文教育类似，少儿华语教学内容重在语文百科，这和面向非华裔的少儿汉语教学重在解决交际问题不同，少儿华语教学重在学知识。因此，语文百科性是少儿华语教学主题分类及分类词表建设的基本原则。

由此，面向非华裔的少儿汉语教学以交际功能性的话题为主，其分类词表主要基于交际话题对词语进行分类；少儿华语教学则以百科知识的主题为基础，比如“动物、自然”等，相应地，其分类词表是以基于语文百科的主题分类的词语为主。当然，少儿华语教学也包含基础的交际教学内容，也包含一些交际性话题和词语。

（四）《华语词汇等级大纲》的建设理念与分级标准

1. 建设理念

鉴于海外华语教学的多样性，其词汇等级大纲的建设必须满足多样化的需求。既要培养学生基本的语言技能，又要重视语文能力和文化知识的学习。

首先，华语教学的基础目标是训练学生的华语听说读写能力，以达到交际目的，这是语言教学最基本的特性。因此，满足交际功能是华语教学及其词表建设的基本理念。其次，东南亚的华语教学与中国的汉语作为母语的语文教学在一定程度上存在契合，中国学生的语文能力应当作为词表建设重要的参考因素。再次，华语教学还兼有传承中华文化的作用，能加强学生对母族文化和传统价值观的了解和认同。因此，词语的文化性也应该是华语词汇教学需要考虑的一个重要因素。

总体上，华语教学用词表的研制应该从华语作为母语（或近似母语）教学的特性出发，以交际功能为基础，以语文百科为主体，参照中国中小学生的语文能力，并兼顾东南亚地区的文化、地域特色词语。

2. 分级标准

基于东南亚华语教学的多样性，以及“从华语作为母语教学的特性出发，以交际功能为基础，以语文百科为主体，参照中国小学生与初中生的语文能力，兼顾东南亚地区文化、地域特色词语”的建设原则，同时参考王汉卫等（2013）的“华语水平测试分级体系”和王汉卫等（2014）的“华语水平测试汉字能力标准”，我们将《华语词汇等级大纲》设置为6个级别，如表3所示。

表3 《华语词汇等级大纲》分级标准

等级	语言能力描述	汉字认读
一级	最基本的汉语交际能力	600
二级	中国小学二年级小学生实际语文能力	1200
三级	中国小学四年级小学生实际语文能力	1800
四级	中国小学毕业生实际语文能力	2400
五级	中国初中毕业生实际语文能力	3000
六级	中国一般成年人实际语文能力	3500

分级的理据如下。

（1）语言的最基本功能是交际功能，华语教学要满足语言学习者的基本需求。中国小学一年级学生入学前已经具备一定的语言交际能力，相应水平的语言交际能力对于一语或二语的华裔学习者来说，都是最基础、最必需的语文能力，故本大纲将此定为一级。

（2）制定华语考试等级时，中国义务教育语文标准的基础，大致取其70%作为标准[3]。对应到打折后的实际语文能力，则大约是二级对应中国二年级小学生实际语文能力（2*0.7=1.4）[4]，三级对应中国四年级小学生实际语文能力（4*0.7=2.8），依此类推。

（3）国内中小学语文教育在初中阶段结束后，学生语文能力大致定型，词汇教学任务也初步完成。此后即对应一般成年人的实际语文能力，本大纲标为六级。

（4）中小学语文教材是中国文化百科知识的典型载体，教材所倡导的价值观是中国民族文化的承袭。《华语词汇等级大纲》兼顾中华文化与东南亚地域特色，收录中华文化词语与东南亚特色词语。

三、研究方法

（一）少儿华语教学主题分类词表建设方法

1. 主题库的构建

本项目参考话题分类方法，充分考虑少儿身心特点、华语教学特殊性，基于“语文百科”第一原则，对16套少儿华语教材语料（含主课文、课后阅读、生词表）按主题进行归纳和梳理，总计语料文本2000余个。并根据课文内容的实际情况，酌情对主题进行增删，最终建构了一个拥有10个一级、59个二级话题的少儿华语主题库，详见表4：

3 王汉卫，凡细珍，邵明明，等，2014. 华文水平测试总体设计再认识——基于印尼、菲律宾、新加坡的调查分析[J]. 华文教学与研究，2014（03）：45-52.

4 “2”为中国二年级小学生实际语文能力，1.4为对应的东南亚华裔学生实际语文能力（体现为华语词汇等级）。此公式是为了更形象地说明华语词汇大纲等级和中国中小学各年级语文能力打折后的对应关系，并非严格的数学计算公式。

表4 少儿华语主题库

一级	二级（以“；”隔开）
个人信息	基本信息；爱好特长；理想愿望；职业
家庭	成员与称谓；家庭成员故事；家务琐事；亲情与沟通
日常生活	起居作息；身体与习惯；健康与就医；饮食与就餐；购物；出行与交通；方位、方向；逛公园；交通工具；看地图；旅游；问路；娱乐；运动；通信；生日；朋友；人际交往；时间与空间；天气；颜色；数字
日常生活用品和物品	服饰；住房与设施；日用品
学校生活	学校；教育；教学；活动；假期；其他
文学艺术	故事；诗词；文学作品；艺术
文化	传统文化；剪纸；书法；节日文化；社交礼仪；人文地理；历史
动物与植物	动物；植物
自然与环境	自然景观；气象；日月星辰；自然灾害；环境保护
科学技术	科学常识；科幻

2. 主题词语聚类

“主题词语表”是围绕某主题的常用词语集合，是与某一主题紧密关联的词语群。例如，“家庭—成员与称谓”的主题词语有“家、代、口、家庭、父亲、儿子”等。

本项目运用词语自动聚类算法在教材语料库中进行词语聚类。通过词语切分、词频统计、权重计算和特征选择这四个步骤实现词语聚类。词语聚类的核心原理是利用词语在不同主题类别语料中的分布差异性来计算词语对于该主题类别的贡献度。比如，功能词（如“的、我们、在”）在不同类别语料中的频率几乎一样，分布均匀；而某些词语（如“家、代、口、家庭、父亲、儿子”）在“家庭—成员与称谓”类语料中的出现频率会远高于它们在其他主题类别语料的频率，它们是“家庭—成员与称谓”主题类别中的主题词语。

按此原理，本项目在59个主题分类的综合语料库中进行词语聚类，获得59个聚类词表。

3. 人工干预词表

本词表在自动聚类算法结果的基础上为兼顾客观统计和主观语感，对主题词语的选择进行了适当的人工干预，主要分为以下三项。

（1）确立词与类词组合的选择原则

本项目对少儿华语教学中的词汇单位采取从宽认定的原则。词表的主体部分是一般语言学意义上的词和常用的固定短语。同时，根据一语习得规律以及语块教学原理，本项目将那些形式和意义完整、使用频率较高、但不是严格意义上的词或固定短语的词串也认定为词汇单位。具体有以下几种情况：

a. 凝固性强的类词形式，如“点钟、越来越、为什么”；

b. 词汇化倾向性强的述宾组合，如“吃饭、有意思、打瞌睡”；

c. 词汇化倾向性强的述补组合，如“想起、放好”；

d. 常用的、具有准固定短语性质的多词组合，如“好久不见、一路平安”。

另外，本词表对专名、国别化词汇按如下方法处理：

a. 有些专名具有较深的文化内涵，从服务文化教学的角度出发，筛选了其中具有代表性的词语，如“西安、黄河、孔子”等；

b. 华语教材中有部分内容带有国别特征，依据高频常用原则，本词表也收入了少数国别化词语，如“外府、组屋”等；

c. 为丰富词汇的多样性，本研究采取了书面语和口语兼收的方法。如“妈妈、母亲”处理为不同词汇单位，皆选入。

（2）词语筛选

以主题“日常生活—通信”为例，经过主题词语自动聚类后得到的词语如下：

信封、写信、邮票、想念、华语、收信人、小芳、邮局、寄信人、大年、联络、贺年卡、寄信、外婆、便条、航空信、敬祝、写上、一封信、电话号码、包裹、加拿大、留言条、民众、右上角、月琴、母亲、码儿、平信、窗口、邮筒、另起、来信、邮政局、形声字、表姐、地址、声旁、寄来、通信设备、邮包、恭贺新禧、语言、号码、晴和、冬天、老外、国外、友好、演唱、广场、话号、再写、电话铃、宿舍、先写、校园、特快、枫叶、问候、姓名、白鹅、早点儿、电话、打电话、手机、明明、电话亭、分别、国内……

删除“小芳、月琴、外婆、母亲”等偶发性人名和称呼，删除“大年、另起、晴和”等不合规范的词，删除“形声字、冬天、老外”等在“通信”领域类中主题代表性不强的词，得到的词语如下：

信封、写信、邮票、想念、收信人、便条、寄信人、联络、贺年卡、寄信、地址、航空信、包裹、留言条、电话、平信、邮筒、邮政局、号码、手机、电话亭、挂断、拨通、明信片、信纸、邮政编码、日期、电脑、收到、挂号信、回信、接听、包裹单、留言、超重、信箱、传真、通信、贴、联系

（3）词语补充

结合“词语聚类在线检索”[5]和史有为（2008）“话题大类搭配语词表”适当补充相关词语。

如主题“日常生活—通信”，通过对比筛选出的词语，我们又补充了“封、打、接、寄、发、收、存、取、邮箱、电子邮件、短信、微信、微博、朋友圈”等词语。

按照上述方法共为59个词表补充了428个词语。最终，59个词表去重后共有词条2970个。

4. 词语排序及分级

（1）主题贡献度排序

经过主题词语自动聚类得出的词语按照该词语对主题的贡献度（即区别出该主题的能力大小）从高到低降序排列，能让人一目了然地观察到某主题下最相关的词语，如“日常生活—通信”主题词语按贡献度排序从高到低依次为：

信封、写信、邮票、想念、收信人、便条、寄信人、联络、贺年卡、寄信、地址、航空信、包裹、留言条、电话、平信、邮筒、邮政局、号码、手机、电话亭、挂断、拨通、明信片、信纸、邮政编码、日期、电脑、收到、挂号信、回信、接听、包裹单、留言、超重、信箱、电子邮件、存、传真、打、收、微信、通信、发、取、贴、寄、邮箱、微博、短信、接、封、联系、朋友圈

（2）常用度排序

从教学的角度，通常需要将词语从易到难排列，方便常用的简单词语先教先学。常用度排序的基本原理是：第一，词语常用度的计算要考虑词语在时间上的

5 澜科语言科技网：http://www.languagetech.cn/bigdata/word/demo_wordcluster.aspx

发展情况，通过计算常用度能够得到经过历时发展分布均匀的词语；第二，常用度要考虑词语在空间上的分布情况，通过常用度计算能够得到那些在空间领域分布均匀的词语；第三，常用度要考虑词语的生成能力（搭配）。

例如，“日常生活—通信”主题词语按常用度排序从高到低依次为：

发、打、联系、电话、接、封、收到、收、取、日期、设备、贴、电脑、手机、寄、联络、存、地址、通信、号码、包裹、短信、写信、传真、留言、邮箱、拨通、想念、电子邮件、信封、邮票、接听、回信、信箱、邮政局、明信片、超重、寄信、信纸、挂断、电话亭、便条、收信人、邮政编码、贺年卡、邮筒、挂号信、平信、航空信、寄信人、留言条、微信、包裹单、微博、朋友圈

（3）《华语词汇等级大纲》分级

我们采用自主研制的《华语词汇等级大纲》进行分级。

一级词：发、打、电话、封、收、接、取、手机、寄、存、电子邮件、邮票

二级词：贴、电脑、传真、信封

三级词：联系、地址、号码、邮箱、想念、接听、信箱、邮政局、邮政编码

四级词：设备、通信、包裹、短信、超重、电话亭、便条

五级词：日期、联络、留言、明信片、贺年卡、邮筒

纲外词：收到、写信、拨通、回信、寄信、信纸、挂断、收信人、挂号信、平信、航空信、寄信人、留言条、微信、包裹单、微博、朋友圈

5. 最终少儿华语教学主题词表

（1）分类的少儿华语教学主题词表

最终少儿华语教学主题词表共收录3735个词语，按照上文的主题分类，共59个分类词表。

（2）分级的少儿华语教学主题词表

最终宽泛的少儿华语教学主题词表共收录3735个词语，按照《华语词汇等级大纲》分级后，一级词条409个、二级词条643个、三级词条744个、四级词条652个、五级词条421个、六级词条94个、纲外词条772个。

我们依据临界期假说、少儿汉语和剑桥少儿英语的界定，将少儿的年龄段定位在6—12岁，即小学阶段。同时，我们根据“海外华裔学生在听说读写四方面

大致希望达到母语者70%的水平”[6]的理念，将华语词汇等级分为六级：

一级，最基本的汉语交际能力

二级，中国二年级小学生的实际语文能力

三级，中国四年级小学生的实际语文能力

四级，中国小学毕业生的实际语文能力

五级，中国初中毕业生的实际语文能力

六级，中国一般成年人的实际语文能力

掌握“中国小学毕业生的实际语文能力”70%的词汇，大约就是四年级小学生的语文能力，即华语词汇等级大纲中的三级。少儿华语教学主题词表中，前三级的词语刚好对应真正的少儿华语教学的词汇能力。因此，真正的少儿华语教学主题词表应该只是前三级的词语集合（共1796个词条），并不包括四、五、六和纲外词语（四、五、六级词语可对应到初中或高中华语教学中）。

（二）《华语词汇等级大纲》建设方法

《华语词汇等级大纲》的建设以中国初中与小学语文能力为基准，同时兼顾交际功能与语文百科的等级性。语文能力通过初中与小学教材以及学生作文中的词汇及其在不同年级中的等级分布来体现，语文百科通过“少儿华语教学主题分类词表”体现，交际功能则通过“汉语交际词语表”体现。

本项目利用中国传媒大学分词软件对上述教材和作文语料库进行分词，删除频次3以下，或者覆盖率99%以外的词语，并利用《现代汉语词典》（第6版）的词条进行过滤[7]，重新计算频次、频率、覆盖率。每一等级的词汇以中国初中、小学教材与作文中相应年级的词语为主，同时，将“少儿华语教学主题分类词表”“汉语口语交际话题分类词语表”“中国小学与初中语文课文常用词分级词表”按词语常用度排序，根据其常用度和《词汇大纲》的分级，对应到不同等级中。

---

6 暨南大学华文学院的王汉卫老师走访了海外多地的华校及华人圈，对“海外华裔的华语听说能力和读写能力应该达到中国人的什么程度？”这一问题进行了问卷调查，此为调查结果。

7 但是保留了“少儿华语教学主题分类词表”、“汉语口语交际话题分类词语表”（自建）、“中国小学与初中语文课文常用词分级词表”（自建）中未在《现代汉语词典》中出现的词语。

1. 一级词汇建设

史有为（2008）认为“最低量基础词汇是一种可满足最小语言平台需要的词汇，它包括封闭性的基本功能词等以及最常用的日常交际用词，所谓最小语言平台就是可以满足最低交际需要的语言系统”。本大纲中的一级词汇是让学习者具备最基础交际能力的词汇，我们采用“最低量基础词汇”作为一级词汇，并酌情进行了少量调整。

2. 二级词汇建设

语料来源：中国小学一、二年级的学生作文3万篇，中国小学语文教材一、二年级课文4套（加权系数为3）[8]，东南亚小学华语教材课文（马来西亚华语教材一、二年级课文，新加坡、菲律宾华语教材一、二、三年级课文，印尼、越南、泰国华语教材一至六年级课文）[9]（加权系数为2）。

流程一：参照1200字的对应标准[10]，选取频次大于20的词语约1200个（不含一级词汇），按常用度、频率双排序，进行人工干预，删除部分难度较大的词语；加入“少儿华语教学主题分类词表”“汉语口语交际话题分类词语表”排在前面的词语作为补充，将二级词表的用字种数[11]控制在1200左右[12]。

流程二：利用“华语作为第一语言教学的常用分级词表”（一级）与上述二级词表做交集，保留共有词语，人工干预独用词语，酌情删减。控制词汇总量，使得最终二级词表用字种数控制在1200字左右。

流程三：专家进行人工干预。

3. 三级词汇建设

语料来源：中国小学三、四年级的学生作文6万篇，中国小学语文教材三、

---

8 由于作文数量较多，教材字数较少，但是教材针对性更强，参考价值更高，因此教材分词后分别进行加权。考虑到中国语文教材是基准性参考来源，所以，中国语文教材加权系数高于东南亚地区的华语教材。同时，每个年级的作文数量不一样，根据作文数量，每个级别相应的加权系数也不一样。

9 考虑到东南亚华语教材的难度不同，因此，各国华语教材在每个级别上对应的年级和册数也不一样。

10 虽然并不能直接证明各级词语数和用字种数之间存在量的对应关系，但是，我们认为可以通过各级用字种数来间接控制各级词语的数量，并且在这个用字种数的量的限定下，通过统计语料的级别来确定选择哪些具体的词语。

11 词表所有词汇所使用的汉字字种（不相同汉字）的数量。

12 参见上文表3“《华语词汇等级大纲》分级标准”。

四年级课文4套（加权系数为5），东南亚小学华语教材（马来西亚华语教材三、四年级课文，新加坡、菲律宾华语教材四、五、六年级课文）（加权系数为3）。

方法流程参照上文（2. 二级词汇建设），选取词语约2000个，将用字种数控制在1800左右，利用“华语作为第一语言教学的常用分级词表”（二级）与之做交集。

4. 四级词汇建设

语料来源：中国小学五、六年级的学生作文9万篇，中国小学语文教材五、六年级课文4套（加权系数为7），马来西亚小学华语教材五、六年级课文（加权系数为5）。

方法流程参照上文（2. 二级词汇建设），选取词语约2500个，将用字种数控制在2400左右，利用“华语作为第一语言教学的常用分级词表”（三级）与之做交集。

5. 五级词汇建设

语料来源：中国初中一至三年级的学生作文4万篇、中国初中语文教材4套（加权系数为4）、柬埔寨初中华语教材（加权系数为2）、新加坡中学高级、中学快捷华语教材（加权系数为2）、马来西亚初中华语教材（加权系数为4）。

方法流程参照上文（2. 二级词汇建设），选取词语约3100个，将用字种数控制在3000左右，利用“华语作为第一语言教学的常用分级词表”（四级）与之做交集。

6. 六级词汇

原《词汇大纲》和《词汇划分》中的词条，减去上述前五级词表中的词条，剩余约3000词，参照常用度排序，人工干预权衡，将其部分词条分级并加入一至六级的词表。此外，亦选取国家语言资源监测语料库4年汇总词语表[13]中覆盖率大于90%的词语共13万余条，对其在上述前五级词表之外的词条人工斟酌，选取部分加入六级词表。

---

13 国家语言资源监测与研究中心的平面媒体语言分中心、有声媒体语言分中心、网络媒体语言分中心分别建设了平面媒体动态流通语料库、有声媒体监测语料库、网络媒体监测语料库，共同构成国家语言资源监测语料库。我们选取了其中2005—2015年语料库中生成的词表。

7. 附录词汇

专家人工选取部分能典型代表中国传统文化以及具有东南亚地域特色的常用词语加入词表。

（1）中华文化特色词条

例如：北京、长江、孔子、孙悟空、天坛、王母娘娘、西游记等。

（2）东南亚特色词语

这是一个开放的词表，主要选取东南亚华语语料库[14]中的特色词语（东南亚特色词语表中频次前100的词条，共600余个），以及东南亚地区专有名词。例如：椰浆饭、鱼露、肉骨茶、组屋、泰铢等。

四、创新价值

第一，华语词表的建设突破了原有HSK词表的领域限制，充分体现了华语教育的特色，填补了华语教育无词汇大纲的空白，是海外华人地区编写华语教材、编撰华语词典、开展华语课堂教学与华语水平测试的依据。现有华语词表的建设在科学性与理据性方面尚待进一步提高，尤其在体现华语教学区别于汉语作为第二语言教学的特点、覆盖更广的华语教学领域，以及脱离现有词表基础、独立于《词汇大纲》的构建方法论创新等方面，有很大的提升空间。词汇大纲是语言词汇教学的“总指挥”和统筹纲领，但长期以来仅注重在汉语作为第二语言教学中的应用，而华语作为母语教学的特色并没有得到很好的重视和体现。本研究突破了原有HSK词表的领域限制，充分体现了华语教育的特色，填补了华语教育无词汇大纲的空白。

第二，创新了词语分级和词表建设的新方法，构建词汇时空分布模型，基于母语者、华语学习者的书面语和口语语料库，计算词语常用度，构建华语教学用基本词表及等级大纲。已有词表建设存在如下缺点：基础语料多为国内母语者语料，面向华语学习者的词汇大纲建设应该同时多考虑华裔学习者语料库；多为书面语语料库，口语化严重不足，应该多加入口语化语料，特别是日常生活的口语

---

14 暨南大学海外华语研究中心建设的语料库，主要由东南亚各国主流报纸、网站、教材、作文的语料组成，约8亿字。

语料；词语常用度计算和大纲分级的方法不科学，多基于简单的词频统计，或者多词表的合成，理据不充足；专门用途汉语教学需要的主题词表（如少儿华语教学分类词表）严重不足，领域词语抽取与分级方法不科学。

词语分级的实质是词语的常用度计算，与词语的时间、空间分布均匀性密切相关。时间体现词语在历时发展中的恒定情况，空间则体现使用人群和使用领域的分布均匀性。常用词语就是最广泛领域的最广泛人群在一段时间内最常用的词语。

本研究创新了词语分级和词表建设方法，利用数学中的分布均匀性参数（如方差、TFIDF）来构建词汇时空分布模型，基于母语者、华语学习者的书面语和口语语料库，计算词语常用度，构建华语教学用基本词表以及华语教育词汇等级大纲。

第三，运用计算语言学技术实现了主题词语聚类，筛选出那些与主题密切相关、使用频率高、难度较低的词语，按相关度、常用度排序，创新了词语领域分类和主题词表建设的新方法。词汇时空分布模型中，各领域分布均匀的是常用词语；与此相对，各领域分布不均匀的则是领域词语。例如，功能性词语（“的、在”）在不同类别语料中的频率几乎一样，分布均匀；而词语“市场、银行、买、人民币”在“商务”语料中的频率会远高于在其他类（如“旅游、体育”等）语料中的频率，它们是商务汉语中的领域词语。

本研究创新了词语聚类方法，进行词语按教学领域（类别、话题、百科、功能）自动分类聚类。

同时，本研究利用词语常用度分级方法，对领域词表进行分级定纲，最终建成华语教学用分类分级的词汇等级大纲。

第四，在研究视角上，从中小学语文教学的角度为华语教学及其词表建设打开了一扇窗，并且在把二者有机结合的基础上做出了实质性的词表成果，这是前人在华语教学中很少涉足的。

第五，该方法可扩展到其他专门用途汉语教学，例如，建设旅游汉语、商务汉语、中医汉语、电子商务汉语、汉语口语等分领域、分用途的按话题分类、分级的常用词表和等级大纲。

少儿华语教学主题分类词表

个人信息—基本信息

北京	Běijīng	Beijing	1[15]
比	bǐ	than	1
电话	diànhuà	telephone	1
高	gāo	high	1
国家	guójiā	country	1
汉语	Hànyǔ	Chinese	1
家	jiā	home	1
叫	jiào	call	1
名	míng	name	1
名字	míngzi	name	1
哪儿	nǎr	where	1
哪里	nǎlǐ	where	1
男	nán	male	1
你	nǐ	you	1
你们	nǐmen	you	1
年级	niánjí	grade	1
您	nín	you	1
女	nǚ	female	1
朋友	péngyou	friend	1
认识	rènshi	know, be acquainted with	1
岁	suì	year (of age)	1
他	tā	he, him	1
他们	tāmen	[referring to male people or people in general] they, them	1

15 此处数字为《华语词汇等级大纲》中的等级，全文同。

她	tā	she, her	1
她们	tāmen	[referring to female people] they, them	1
我	wǒ	I, me	1
我们	wǒmen	we, us	1
姓	xìng	surname	1
在	zài	be at/in/on (a place)	1
中国	Zhōngguó	China	1
中文	Zhōngwén	Chinese	1
住	zhù	live, reside	1
自己	zìjǐ	oneself	1
矮	ǎi	short	2
聪明	cōngmíng	smart	2
菲律宾	Fēilǜbīn	the Philippines	2
个子	gèzi	height	2
害怕	hàipà	fear	2
河内	Hénèi	Hanoi	2
活泼	huópō	lively, vivacious	2
柬埔寨	Jiǎnpǔzhài	Cambodia	2
见面	jiànmiàn	meet	2
介绍	jièshào	introduce	2
金边	Jīnbiān	Phnom Penh	2
可爱	kě'ài	lovely	2
老挝	Lǎowō	Laos	2
马来西亚	Mǎláixīyà	Malaysia	2
马尼拉	Mǎnílā	Manila	2
曼谷	Màngǔ	Bangkok	2
美国	Měiguó	the United States	2

缅甸	Miǎndiàn	Myanmar	2
男生	nánshēng	schoolboy	2
年龄	niánlíng	age	2
女生	nǚshēng	schoolgirl	2
胖	pàng	fat	2
热情	rèqíng	enthusiasm, enthusiastic	2
生日	shēngrì	birthday	2
瘦	shòu	thin, slim	2
泰国	Tàiguó	Thailand	2
调皮	tiáopí	naughty	2
万象	Wànxiàng	Vientiane	2
新加坡	Xīnjiāpō	Singapore	2
雅加达	Yǎjiādá	Jakarta	2
印尼	Yìnní	Indonesia	2
英语	Yīngyǔ	English	2
越南	Yuènán	Vietnam	2
中国人	zhōngguórén	Chinese people	2
出生	chūshēng	be born	3
胆小	dǎnxiǎo	timid	3
地址	dìzhǐ	address	3
害羞	hàixiū	shy	3
华人	huárén	foreign citizen of Chinese descent	3
吉隆坡	Jílóngpō	Kuala Lumpur	3
姓名	xìngmíng	full name	3
发达	fādá	developed	4
贵姓	guìxìng	last name (honorific)	4

国籍	guójí	nationality	4
首都	shǒudū	capital	4
性别	xìngbié	gender, sex	4
性格	xìnggé	character	4
门牌	ménpái	(house) number plate	5
民族	mínzú	ethnic group	5
文静	wénjìng	gentle and quiet	5

个人信息—爱好特长

打	dǎ	play (games)	1
电视	diànshì	TV	1
电影	diànyǐng	film, movie	1
会	huì	can, be able to	1
看	kàn	see	1
拉	lā	pull	1
篮球	lánqiú	basketball	1
能	néng	can	1
汽车	qìchē	car	1
球	qiú	ball	1
踢	tī	kick	1
听	tīng	listen	1
喜欢	xǐhuan	like	1
足球	zúqiú	football, soccer	1
爱好	àihào	hobby	2
比赛	bǐsài	match	2
唱歌	chànggē	sing	2
弹	tán	play (musical instruments)	2
钢琴	gāngqín	piano	2
好听	hǎotīng	pleasant to hear	2
画画	huà huà	draw	2
看书	kàn shū	read a book	2
能够	nénggòu	be able to	2
跑步	pǎobù	run, jog	2
乒乓球	pīngpāngqiú	table tennis	2
跳舞	tiàowǔ	dance	2

网球	wǎngqiú	tennis	2
洗澡	xǐzǎo	take a shower	2
音乐	yīnyuè	music	2
邮票	yóupiào	stamp	2
游泳	yóuyǒng	swim	2
有意思	yǒu yìsi	interesting	2
羽毛球	yǔmáoqiú	badminton	2
运动	yùndòng	sport, exercise	2
磁带	cídài	magnetic tape	3
歌词	gēcí	lyrics	3
歌曲	gēqǔ	song	3
吉他	jítā	guitar	3
骑车	qí chē	ride a bike	3
习惯	xíguàn	habit	3
小说	xiǎoshuō	novel, fiction	3
兴趣	xìngqù	interest	3
增长	zēngzhǎng	increase	3
知识	zhīshi	knowledge	3
唱片	chàngpiàn	record	4
乐器	yuèqì	musical instrument	4
流行	liúxíng	be popular	4
明星	míngxīng	popular star	4
赛车	sàichē	automobile race	4
收集	shōují	collect	4
太极拳	tàijíquán	*taiji*	4
小提琴	xiǎotíqín	violin	4
欣赏	xīnshǎng	appreciate	4
擅长	shàncháng	be good at	5

身心	shēnxīn	body and mind	5
收拾	shōushi	tidy up, put in order	5
特长	tècháng	speciality	5
休闲	xiūxián	have leisure	5
用心	yòngxīn	be attentive	5
集邮	jíyóu	collect stamps	6
陶冶	táoyě	exert a favorable influence on	6

个人信息—理想愿望

老师	lǎoshī	teacher	1
能	néng	can	1
医生	yīshēng	doctor	1
医院	yīyuàn	hospital	1
以后	yǐhòu	afterwards, later	1
帮助	bāngzhù	help	2
警察	jǐngchá	police	2
努力	nǔlì	make efforts	2
希望	xīwàng	hope	2
一样	yīyàng	the same	2
运动员	yùndòngyuán	athlete	2
长大	zhǎngdà	grow up	2
保护	bǎohù	protect	3
本领	běnlǐng	ability, capacity	3
病人	bìngrén	patient	3
大学	dàxué	university	3
工人	gōngrén	worker	3
护士	hùshi	nurse	3
画家	huàjiā	painter	3
将来	jiānglái	future	3
科学家	kēxuéjiā	scientist	3
老板	lǎobǎn	boss	3
理想	lǐxiǎng	ideal	3
士兵	shìbīng	soldier	3
市长	shìzhǎng	mayor	3

司机	sījī	driver	3
优秀	yōuxiù	excellent	3
愿望	yuànwàng	desire	3
治病	zhì bìng	treat an illness	3
治疗	zhìliáo	treat	3
船长	chuánzhǎng	captain	4
飞行员	fēixíngyuán	pilot	4
歌星	gēxīng	singing star	4
工程师	gōngchéngshī	engineer	4
疾病	jíbìng	disease	4
将军	jiāngjūn	general	4
军官	jūnguān	officer	4
实现	shíxiàn	realize	4
宇航员	yǔhángyuán	astronaut	4
赚钱	zhuàn qián	make money	4
作家	zuòjiā	writer	4
保卫	bǎowèi	defend	5
翻译	fānyì	translate, translator	5
记者	jìzhě	reporter, journalist	5
经理	jīnglǐ	manager	5
消防员	xiāofángyuán	fireman	5

个人信息—职业

大夫	dàifu	doctor	1
老师	lǎoshī	teacher	1
学生	xuéshēng	student	1
医生	yīshēng	doctor	1
工作	gōngzuò	work	2
教师	jiàoshī	teacher	2
警察	jǐngchá	police	2
农民	nóngmín	farmer, peasant	2
上班	shàngbān	go to work	2
保安	bǎo'ān	security staff	3
服务员	fúwùyuán	waiter, waitress	3
工人	gōngrén	worker	3
护士	hùshi	nurse	3
画家	huàjiā	painter	3
开会	kāihuì	attend a meeting	3
科学家	kēxuéjiā	scientist	3
老板	lǎobǎn	boss	3
司机	sījī	driver	3
下班	xiàbān	go off work	3
演员	yǎnyuán	performer	3
导游	dǎoyóu	guide	4
工程师	gōngchéngshī	engineer	4
清洁工	qīngjiégōng	cleaner	4
商人	shāngrén	merchant	4
售票员	shòupiàoyuán	conductor	4

邮递员	yóudìyuán	postman	4
宇航员	yǔhángyuán	astronaut	4
职业	zhíyè	occupation	4
记者	jìzhě	reporter, journalist	5
建筑师	jiànzhùshī	architect	5
经理	jīnglǐ	manager	5
军人	jūnrén	armyman	5
消防员	xiāofángyuán	fireman	5
艺术家	yìshùjiā	artist	5
编辑	biānjí	editor	6
会计	kuàijì	accountant	6
职员	zhíyuán	staff member	6

家庭—成员与称谓

爸爸	bàba	dad	1
大	dà	big	1
弟弟	dìdi	younger brother	1
多	duō	many	1
儿子	érzi	son	1
哥哥	gēge	older brother	1
个	gè	[used before a noun which does not have a fixed measure word of its own]	1
孩子	háizi	child	1
和	hé	and	1
家	jiā	home	1
叫	jiào	call	1
姐姐	jiějie	older sister	1
口	kǒu	[for family members, knives, etc.]	1
老	lǎo	old	1
妈妈	māma	mom	1
妹妹	mèimei	younger sister	1
奶奶	nǎinai	grandma (father's mother)	1
女儿	nǚ'ér	daughter	1
人	rén	person	1
少	shǎo	little, few	1
叔叔	shūshu	uncle (father's younger brother)	1
谁	shéi	who	1
像	xiàng	resemble, be like	1
小	xiǎo	small	1

爷爷	yéye	grandpa (father's father)	1
阿姨	āyí	aunt	2
伯伯	bóbo	uncle (father's older brother)	2
父母	fùmǔ	parents	2
父亲	fùqīn	father	2
公公	gōnggong	father-in-law (husband's father)	2
姑姑	gūgu	aunt (father's sister)	2
家庭	jiātíng	family	2
舅舅	jiùjiu	uncle (mother's brother)	2
老人	lǎorén	the old	2
姥姥	lǎolao	grandma (mother's mother)	2
母亲	mǔqīn	mother	2
年纪	niánjì	age	2
外公	wàigōng	grandfather (mother's father)	2
外婆	wàipó	grandmother (mother's mother)	2
小孩	xiǎohái	child	2
表弟	biǎodì	younger male cousin	3
表哥	biǎogē	older male cousin	3
表姐	biǎojiě	older female cousin	3
表妹	biǎomèi	younger female cousin	3
伯父	bófù	uncle (father's older brother)	3
伯母	bómǔ	aunt (wife of father's older brother)	3
代	dài	generation	3
姑妈	gūmā	aunt (father's sister)	3
姐妹	jiěmèi	sisters	3
舅妈	jiùmā	aunt (wife of mother's brother)	3
姥爷	lǎoye	grandpa (mother's father)	3

年轻	niánqīng	young	3
年轻人	niánqīngrén	young man	3
婆婆	pópo	mother-in-law (husband's mother)	3
婶婶	shěnshen	aunt (wife of father's younger brother)	3
孙女	sūnnǚ	granddaughter	3
孙子	sūnzi	grandson	3
兄弟	xiōngdì	brothers	3
姨妈	yímā	aunt (mother's sister)	3
祖父	zǔfù	grandfather (father's father)	3
祖母	zǔmǔ	grandmother (father's mother)	3
爱人	àirén	spouse	4
称呼	chēnghu	call, address	4
亲戚	qīnqi	relative	4
外祖父	wàizǔfù	grandfather (mother's father)	4
外祖母	wàizǔmǔ	grandmother (mother's mother)	4
长辈	zhǎngbèi	elder	4
老爷	lǎoye	master	5
探亲	tànqīn	go home to join one's family	6
姨夫	yífu	uncle (husband of mother's sister)	6

家庭—家庭成员故事

明白	míngbai	clear (*adj.*); understand (*v.*)	1
照片	zhàopiàn	photo	1
故事	gùshi	story	2
困难	kùnnan	difficult, difficulty	2
热闹	rènao	lively	2
日子	rìzi	day	2
生活	shēnghuó	life	2
小时候	xiǎoshíhou	childhood	2
辛苦	xīnkǔ	hard, laborious	2
抱怨	bàoyuàn	complain	3
惭愧	cánkuì	be ashamed	3
从前	cóngqián	once upon a time	3
度过	dùguò	spend	3
各种各样	gè zhǒng gè yàng	various	3
家人	jiārén	family	3
结婚	jiéhūn	marry	3
精彩	jīngcǎi	marvellous	3
居住	jūzhù	live, reside	3
那时	nàshí	at that time	3
童年	tóngnián	childhood	3
委屈	wěiqu	aggrieved	3
乡村	xiāngcūn	rural area	3
幸福	xìngfú	happiness, happy	3
邀请	yāoqǐng	invite	3
对象	duìxiàng	boy/girl friend	4

恶作剧	èzuòjù	prank	4
丰盛	fēngshèng	sumptuous	4
干活	gànhuó	work	4
戒指	jièzhi	ring	4
敬酒	jìng jiǔ	propose a toast	4
苦难	kǔnàn	suffering	4
泪珠	lèizhū	teardrop	4
喜气洋洋	xǐqì-yángyáng	full of joy	4
喜事	xǐshì	happy event, wedding	4
新娘	xīnniáng	bride	4
长辈	zhǎngbèi	elder	4
珍惜	zhēnxī	cherish	4
值钱	zhíqián	valuable	4
赚钱	zhuàn qián	make money	4
宾客	bīnkè	guest	5
充饥	chōngjī	appease one's hunger	5
道谢	dàoxiè	thank	5
感恩	gǎn'ēn	be grateful	5
婚礼	hūnlǐ	wedding	5
婚纱	hūnshā	wedding dress	5
家用	jiāyòng	household	5
亲友	qīnyǒu	relatives and friends	5
新郎	xīnláng	groom	5
捉迷藏	zhuōmícáng	hide-and-seek	5
补贴	bǔtiē	subsidy	6
收成	shōucheng	harvest	6
仪式	yíshì	ceremony	6

家庭—家务琐事

房间	fángjiān	room	1
干净	gānjìng	clean	1
关	guān	close	1
开	kāi	open	1
筷子	kuàizi	chopsticks	1
累	lèi	tired	1
拿	ná	take	1
应该	yīnggāi	should	1
桌子	zhuōzi	table	1
自己	zìjǐ	oneself	1
做饭	zuò fàn	cook	1
摆	bǎi	put	2
帮助	bāngzhù	help	2
傍晚	bàngwǎn	evening	2
擦	cā	wipe	2
出门	chūmén	go out	2
厨房	chúfáng	kitchen	2
打扫	dǎsǎo	clean	2
回家	huí jiā	go home	2
家里	jiālǐ	home	2
开心	kāixīn	delighted	2
垃圾	lājī	garbage	2
连忙	liánmáng	promptly	2
青菜	qīngcài	green vegetables	2
扔	rēng	throw, throw away	2

扫地	sǎodì	sweep the floor	2
市场	shìchǎng	market	2
事情	shìqing	thing	2
碗	wǎn	bowl	2
洗	xǐ	wash	2
洗衣机	xǐyījī	washing machine	2
先	xiān	first	2
辛苦	xīnkǔ	hard, laborious	2
休息	xiūxi	rest	2
衣服	yīfu	clothes	2
整齐	zhěngqí	neat, in order	2
称赞	chēngzàn	praise	3
地板	dìbǎn	floor	3
饭菜	fàncài	meal	3
放心	fàngxīn	be at ease	3
家务	jiāwù	housework	3
家务活	jiāwùhuó	housework	3
浇	jiāo	pour	3
抹	mā	wipe	3
抹布	mābù	dishcloth	3
任务	rènwu	task	3
笑声	xiàoshēng	laughter	3
操心	cāoxīn	worry	4
干活	gànhuó	work	4
合作	hézuò	cooperate	4
垃圾桶	lājītǒng	trash bin	4
料理	liàolǐ	arrange	4

扫把	sàobǎ	broom	4
拖把	tuōbǎ	mop	4
分工	fēngōng	devide the jobs	5
收拾	shōushi	tidy up, put in order	5
孝顺	xiàoshùn	show filial piety	5
挣钱	zhèng qián	make money	5

家庭—亲情与沟通

爱	ài	love	1
错	cuò	wrong	1
对不起	duìbuqǐ	I'm sorry	1
高兴	gāoxìng	happy	1
哭	kū	cry	1
明白	míngbai	clear (*adj.*); understand (*v.*)	1
难	nán	hard, difficult	1
认真	rènzhēn	conscientious, earnest	1
同意	tóngyì	agree	1
忘记	wàngjì	forget	1
笑	xiào	laugh	1
一起	yīqǐ	together	1
爱护	àihù	take good care of	2
安全	ānquán	safe	2
办法	bànfǎ	method	2
帮助	bāngzhù	help	2
成绩	chéngjì	achievement, performance	2
聪明	cōngmíng	smart	2
错误	cuòwù	error, mistake	2
大家	dàjiā	everyone	2
担心	dānxīn	worry	2
懂	dǒng	understand	2
懂事	dǒngshì	sensible, thoughtful	2
父母	fùmǔ	parents	2
告诉	gàosu	tell	2

关心	guānxīn	care for	2
害怕	hàipà	fear	2
后悔	hòuhuǐ	regret	2
记得	jìde	remember	2
加油	jiāyóu	come on	2
家庭	jiātíng	family	2
进步	jìnbù	progress	2
快乐	kuàilè	joyful	2
目光	mùguāng	sight, vision	2
难过	nánguò	sad, be grieved	2
努力	nǔlì	make efforts	2
批评	pīpíng	criticise	2
悄悄	qiāoqiāo	quietly	2
亲爱	qīn'ài	dear, beloved	2
热情	rèqíng	enthusiasm, enthusiastic	2
生病	shēngbìng	fall ill	2
生气	shēngqì	angry	2
事情	shìqing	thing	2
淘气	táoqì	naughty	2
听话	tīnghuà	obedient	2
微笑	wēixiào	smile	2
问题	wèntí	question, problem	2
希望	xīwàng	hope	2
小心	xiǎoxīn	be cautious	2
笑容	xiàoróng	smile	2
心里	xīnlǐ	heart, mind	2
眼泪	yǎnlèi	tear	2

长大	zhǎngdà	grow up	2
着急	zháojí	worry	2
正确	zhèngquè	correct	2
知道	zhīdào	know	2
注意	zhùyì	pay attention to	2
表情	biǎoqíng	facial expression	3
吵架	chǎojià	quarrel	3
沉默	chénmò	be silent	3
成长	chéngzhǎng	grow up	3
承认	chéngrèn	admit	3
打扰	dǎrǎo	disturb	3
打算	dǎsuàn	plan	3
对话	duìhuà	dialogue	3
方法	fāngfǎ	method	3
放心	fàngxīn	be at ease	3
愤怒	fènnù	angry	3
父子	fùzǐ	father and son	3
负责	fùzé	responsible	3
共同	gòngtóng	common	3
鼓励	gǔlì	encourage	3
乖	guāi	well-behaved	3
怀里	huái lǐ	in one’s arms	3
回忆	huíyì	recall, memory	3
火冒三丈	huǒmàosānzhàng	fly into a rage	3
交流	jiāoliú	communicate	3
焦急	jiāojí	anxious	3
教育	jiàoyù	educate	3

解决	jiějué	solve	3
解释	jiěshì	explain	3
决定	juédìng	decide	3
刻苦	kèkǔ	hardworking, assiduous	3
劳累	láolèi	overworked	3
难忘	nánwàng	unforgettable	3
怒气冲冲	nùqì chōngchōng	be ablaze with anger	3
脾气	píqi	temper	3
缺点	quēdiǎn	shortcoming	3
商量	shāngliang	discuss	3
讨论	tǎolùn	discuss	3
讨厌	tǎoyàn	dislike	3
委屈	wěiqu	aggrieved	3
温暖	wēnnuǎn	warm	3
习惯	xíguàn	habit	3
想法	xiǎngfǎ	idea	3
心里话	xīnlǐhuà	one's innermost thoughts and feelings	3
心情	xīnqíng	mood	3
信任	xìnrèn	trust	3
幸福	xìngfú	happiness, happy	3
优点	yōudiǎn	advantage	3
犹豫	yóuyù	hesitate	3
原谅	yuánliàng	forgive	3
安心	ānxīn	feel at ease	4
担忧	dānyōu	worry	4
独立	dúlì	independent	4

坚持	jiānchí	insist	4
经验	jīngyàn	experience	4
理解	lǐjiě	understand	4
矛盾	máodùn	contradiction	4
怒吼	nùhǒu	roar	4
平等	píngděng	equality	4
亲情	qīnqíng	family affection	4
上当	shàngdàng	be fooled	4
舍得	shěde	be willing to part with	4
谈话	tánhuà	talk, converse	4
醒来	xǐnglái	wake up	4
选择	xuǎnzé	choose	4
优异	yōuyì	outstanding	4
愉快	yúkuài	cheerful	4
责怪	zéguài	blame	4
照顾	zhàogù	look after	4
珍惜	zhēnxī	cherish	4
祝愿	zhùyuàn	wish	4
赚钱	zhuàn qián	make money	4
尊重	zūnzhòng	respect	4
诚恳	chéngkěn	sincere	5
崇拜	chóngbài	worship	5
宠爱	chǒng'ài	favor, dote on	5
沟通	gōutōng	communicate	5
关怀	guānhuái	care for	5
牵挂	qiānguà	care about	5
听从	tīngcóng	obey	5

无微不至	wúwēi-bùzhì	meticulously	5
孝顺	xiàoshùn	show filial piety	5
养活	yǎnghuo	feed	5
责任	zérèn	responsibility	5
遮风挡雨	zhē fēng dǎng yǔ	shelter from wind and rain	5
挣钱	zhèng qián	make money	5
不分青红皂白	bù fēn qīnghóngzàobái	indiscriminately	6
观念	guānniàn	concept	6
教导	jiàodǎo	teach	6
忍让	rěnràng	exercise forbearance	6
是非	shìfēi	right and wrong	6
意愿	yìyuàn	wish, desire	6
引导	yǐndǎo	guide	6

日常生活—起居作息

常常	chángcháng	often	1
分钟	fēnzhōng	minute	1
每天	měi tiān	every day	1
起床	qǐchuáng	get up	1
起来	qǐlái	get up	1
上午	shàngwǔ	morning	1
上学	shàngxué	go to school	1
晚上	wǎnshang	night	1
洗脸	xǐ liǎn	wash one's face	1
下午	xiàwǔ	afternoon	1
早上	zǎoshang	morning	1
中午	zhōngwǔ	noon	1
吃饭	chī fàn	have a meal	2
点心	diǎnxin	snack	2
放学	fàngxué	dismiss children from school	2
呼吸	hūxī	breathe	2
回家	huí jiā	go home	2
空气	kōngqì	air	2
刷牙	shuā yá	brush one's teeth	2
睡觉	shuìjiào	sleep	2
躺	tǎng	lie	2
玩	wán	play	2
玩耍	wánshuǎ	play	2
晚饭	wǎnfàn	supper, dinner	2
午饭	wǔfàn	lunch	2

洗澡	xǐzǎo	take a shower	2
新鲜	xīnxiān	fresh	2
醒	xǐng	wake up	2
休息	xiūxi	rest	2
早饭	zǎofàn	breakfast	2
正好	zhènghǎo	just right	2
走路	zǒulù	walk	2
点钟	diǎnzhōng	o'clock	3
锻炼	duànliàn	take exercise	3
活动	huódòng	activity	3
平时	píngshí	usual days	3
午睡	wǔshuì	take a nap after lunch	3
习惯	xíguàn	habit	3
日常	rìcháng	daily	4
床铺	chuángpù	bed	5
收拾	shōushi	tidy up, put in order	5

日常生活—身体与习惯

耳朵	ěrduo	ear	1
干净	gānjìng	clean	1
高	gāo	high	1
脚	jiǎo	foot	1
口	kǒu	mouth	1
累	lèi	tired	1
男	nán	male	1
女	nǚ	female	1
起床	qǐchuáng	get up	1
身体	shēntǐ	body	1
手	shǒu	hand	1
疼	téng	painful	1
痛	tòng	painful	1
头	tóu	head	1
头发	tóufa	hair	1
牙	yá	tooth	1
眼睛	yǎnjing	eye	1
长	cháng/zhǎng	long (*adj.*); grow (*v.*)	1
矮	ǎi	short	2
爱护	àihù	take good care of	2
背	bèi	back	2
鼻子	bízi	nose	2
脖子	bózi	neck	2
肚子	dùzi	belly, abdomen	2

个子	gèzi	height	2
呼吸	hūxī	breathe	2
健康	jiànkāng	health, healthy	2
脸	liǎn	face	2
眉毛	méimao	eyebrow	2
胖	pàng	fat	2
屁股	pìgu	butt	2
舌头	shétou	tongue	2
手指	shǒuzhǐ	finger	2
瘦	shòu	slim	2
刷牙	shuā yá	brush one's teeth	2
睡觉	shuìjiào	sleep	2
酸	suān	aching	2
躺	tǎng	lie	2
腿	tuǐ	leg	2
洗澡	xǐzǎo	take a shower	2
醒	xǐng	wake up	2
休息	xiūxi	rest	2
牙齿	yáchǐ	tooth	2
眼镜	yǎnjìng	glasses	2
痒	yǎng	itch	2
腰	yāo	waist	2
运动	yùndòng	sport, exercise	2
脏	zāng	dirty	2
指甲	zhǐjia	nail	2
注意	zhùyì	pay attention to	2
嘴	zuǐ	mouth	2

嘴巴	zuǐba	mouth	2
大脑	dànǎo	cerebrum, brain	3
胳膊	gēbo	arm	3
肩膀	jiānbǎng	shoulder	3
皮肤	pífū	skin	3
嗓子	sǎngzi	throat	3
身高	shēngāo	height	3
手掌	shǒuzhǎng	palm	3
膝盖	xīgài	knee	3
习惯	xíguàn	habit	3
洗手	xǐ shǒu	wash hands	3
心脏	xīnzàng	heart	3
血液	xuèyè	blood	3
眼神	yǎnshén	expression in one's eyes, eyesight	3
姿势	zīshì	posture	3
嘴唇	zuǐchún	lip	3
肮脏	āngzāng	dirty, filthy	4
肠胃	chángwèi	intestines and stomach	4
超重	chāozhòng	overweight	4
肥胖	féipàng	obesity	4
肝脏	gānzàng	liver	4
过度	guòdù	excessive	4
近视	jìnshì	myopic, nearsighted	4
食指	shízhǐ	index finger	4
视力	shìlì	vision, eyesight	4
体重	tǐzhòng	weight	4

调节	tiáojié	adjust	4
五官	wǔguān	five sense organs	4
胸	xiōng	chest	4
嘴角	zuǐjiǎo	corners of the mouth	4
端正	duānzhèng	upright	5
器官	qìguān	organ	5
细菌	xìjūn	bacteria	5
挑食	tiāoshí	be particular about one's food	6

日常生活—健康与就医

大夫	dàifu	doctor	1
干净	gānjìng	clean	1
看病	kàn bìng	see a doctor	1
医生	yīshēng	doctor	1
医院	yīyuàn	hospital	1
爱护	àihù	take good care of	2
肚子	dùzi	belly, abdomen	2
发烧	fāshāo	have a fever	2
挂号	guàhào	register (in a hospital)	2
呼吸	hūxī	breathe	2
健康	jiànkāng	health, healthy	2
拉肚子	lā dùzi	suffer form diarrhea	2
难受	nánshòu	uncomfortable	2
舌头	shétou	tongue	2
生病	shēngbìng	fall ill	2
休息	xiūxi	rest	2
药	yào	medicine	2
运动	yùndòng	sport, exercise	2
注意	zhùyì	pay attention to	2
安慰	ānwèi	comfort, console	3
保护	bǎohù	protect	3
病人	bìngrén	patient	3
抽烟	chōu yān	smoke	3
出汗	chū hàn	sweat	3
出院	chūyuàn	leave hospital	3

打针	dǎ zhēn	give or take an injection	3
感冒	gǎnmào	catch a cold	3
哈欠	hāqian	yawn	3
喉咙	hóulóng	throat	3
护士	hùshi	nurse	3
检查	jiǎnchá	inspect	3
咳嗽	késou	cough	3
良好	liánghǎo	good, fine	3
量	liáng	measure	3
清洁	qīngjié	clean	3
嗓子	sǎngzi	throat	3
舒服	shūfu	comfortable	3
习惯	xíguàn	habit	3
血液	xuèyè	blood	3
严重	yánzhòng	serious	3
氧气	yǎngqì	oxygen	3
整洁	zhěngjié	neat	3
治病	zhì bìng	treat an illness	3
治疗	zhìliáo	treat (an illness)	3
住院	zhùyuàn	be in hospital	3
嘴唇	zuǐchún	lip	3
按时	ànshí	on time	4
病菌	bìngjūn	germ	4
病情	bìngqíng	the state of illness	4
肠胃	chángwèi	intestines and stomach	4
冲凉	chōngliáng	take a shower	4
愁眉苦脸	chóuméi-kǔliǎn	wear a long face with knitted eyebrows	4

肥胖	féipàng	obesity	4
肝脏	gānzàng	liver	4
过度	guòdù	excessive	4
汗流浃背	hànliú-jiābèi	bathed in sweat	4
疾病	jíbìng	disease	4
健壮	jiànzhuàng	robust	4
筋疲力尽	jīnpí-lìjìn	exhausted	4
近视	jìnshì	myopic, nearsighted	4
精神	jīngshen	spirit	4
开刀	kāidāo	operate (a surgery)	4
康复	kāngfù	recover one's health	4
懒惰	lǎnduò	lazy	4
内科	nèikē	internal medicine	4
呕吐	ǒutù	vomit	4
疲倦	píjuàn	fatigue	4
失眠	shīmián	insomnia	4
视力	shìlì	vision, eyesight	4
瘦弱	shòuruò	emaciated	4
睡眠	shuìmián	sleep	4
体温	tǐwēn	body temperature	4
体重	tǐzhòng	weight	4
调节	tiáojié	adjust	4
危害	wēihài	harm	4
无精打采	wújīng-dǎcǎi	be in the blues	4
五官	wǔguān	five sense organs	4
吸烟	xīyān	smoke	4
心脏病	xīnzàngbìng	heart disease	4

保健操	bǎojiàncāo	calisthenics	5
戒烟	jiè yān	give up smoking	5
就医	jiùyī	seek medical treatment	5
苗条	miáotiao	slim	5
喷嚏	pēntì	sneeze	5
器官	qìguān	organ	5
软弱	ruǎnruò	weak	5
受凉	shòuliáng	catch cold	5
损坏	sǔnhuài	damage	5
细菌	xìjūn	bacteria	5
药方	yàofāng	prescription	5
仪器	yíqì	instrument	5
早晚	zǎowǎn	morning and evening	5
脂肪	zhīfáng	fat	5
肿瘤	zhǒngliú	tumor	5
传播	chuánbō	spread	6
损伤	sǔnshāng	damage	6
油腻	yóunì	greasy	6
诊断	zhěnduàn	diagnose	6

日常生活—饮食与就餐

杯	bēi	cup	1
杯子	bēizi	cup	1
菜	cài	dish	1
茶	chá	tea	1
吃	chī	eat	1
刀	dāo	knife	1
饿	è	hungry	1
饭店	fàndiàn	restaurant	1
喝	hē	drink	1
酒	jiǔ	alcohol	1
咖啡	kāfēi	coffee	1
块	kuài	block	1
筷子	kuàizi	chopsticks	1
米饭	mǐfàn	steamed rice	1
面包	miànbāo	bread	1
面条	miàntiáo	noodle	1
肉	ròu	meat	1
双	shuāng	double, pair	1
水	shuǐ	water	1
水果	shuǐguǒ	fruit	1
汤	tāng	soup	1
甜	tián	sweet	1
喂	wèi	feed	1
喜欢	xǐhuan	like	1
咸	xián	salty	1

鱼	yú	fish	1
只	zhǐ	only	1
做菜	zuò cài	cook a dish	1
做饭	zuò fàn	cook a meal	1
白菜	báicài	Chinese cabbage	2
包子	bāozi	steamed stuffed bun	2
饱	bǎo	full	2
菜单	càidān	menu	2
餐馆	cānguǎn	restaurant	2
草莓	cǎoméi	strawberry	2
炒	chǎo	fry	2
吃饭	chī fàn	have a meal	2
醋	cù	vinegar	2
蛋糕	dàngāo	cake	2
倒	dào	pour	2
点心	diǎnxin	snack	2
豆	dòu	bean	2
干杯	gānbēi	cheers	2
锅	guō	pot, pan, wok	2
果树	guǒshù	fruit tree	2
果园	guǒyuán	orchard	2
汉堡包	hànbǎobāo	hamburger	2
胡萝卜	húluóbo	carrot	2
黄瓜	huángguā	cucumber	2
鸡蛋	jīdàn	egg	2
饺子	jiǎozi	dumpling	2
咖喱	gālí	curry	2

开水	kāishuǐ	boiling water	2
烤	kǎo	roast	2
苦	kǔ	bitter	2
梨	lí	pear	2
萝卜	luóbo	radish	2
满	mǎn	full	2
蘑菇	mógu	mushroom	2
南瓜	nánguā	pumpkin	2
牛奶	niúnǎi	milk	2
牛肉	niúròu	beef	2
盘子	pánzi	plate	2
啤酒	píjiǔ	beer	2
苹果	píngguǒ	apple	2
瓶	píng	bottle	2
葡萄	pútao	grape	2
汽水	qìshuǐ	soda	2
巧克力	qiǎokèlì	chocolate	2
切	qiē	cut	2
青菜	qīngcài	green vegetables	2
生活	shēnghuó	life	2
食堂	shítáng	canteen	2
食物	shíwù	food	2
酸	suān	sour	2
糖	táng	sugar	2
桃	táo	peach	2
土豆	tǔdòu	potato	2
碗	wǎn	bowl	2

味道	wèidào	taste	2
午饭	wǔfàn	lunch	2
西瓜	xīguā	watermelon	2
虾	xiā	shrimp	2
香蕉	xiāngjiāo	banana	2
新鲜	xīnxiān	fresh	2
盐	yán	salt	2
樱桃	yīngtao	cherry	2
油	yóu	oil	2
玉米	yùmǐ	corn	2
早饭	zǎofàn	breakfast	2
炸	zhá	deep fry	2
煮	zhǔ	boil	2
包饺子	bāo jiǎozi	make dumplings	3
冰激凌	bīngjīlíng	ice cream	3
冰淇淋	bīngqílín	ice cream	3
饼干	bǐnggān	biscuit, cookie	3
菠菜	bōcài	spinach	3
菠萝	bōluó	pineapple	3
菜刀	càidāo	kitchen knife	3
餐厅	cāntīng	restaurant	3
茶叶	cháyè	tea leaves	3
尝	cháng	taste	3
橙汁	chéngzhī	orange juice	3
橙子	chéngzi	orange	3
葱	cōng	scallion, onion	3
豆腐	dòufu	tofu	3

豆沙	dòushā	bean paste	3
豆子	dòuzi	bean	3
番茄	fānqié	tomato	3
饭菜	fàncài	meal	3
饭馆	fànguǎn	restaurant	3
服务员	fúwùyuán	waiter, waitress	3
果汁	guǒzhī	fruit juice	3
红茶	hóngchá	black tea	3
花生	huāshēng	peanut	3
花生米	huāshēngmǐ	peanut	3
黄豆	huángdòu	soybean	3
价钱	jiàqián	price	3
煎	jiān	fry	3
酱油	jiàngyóu	soy sauce	3
津津有味	jīnjīn yǒu wèi	(eat) with appetite	3
橘子	júzi	tangerine	3
卷心菜	juǎnxīncài	cabbage	3
可乐	kělè	cola	3
渴	kě	thirsty	3
口香糖	kǒuxiāngtáng	chewing gum	3
矿泉水	kuàngquánshuǐ	mineral water	3
辣	là	spicy	3
辣椒	làjiāo	pepper	3
荔枝	lìzhī	litchi	3
美食	měishí	delicious food	3
美味	měiwèi	delicious food	3
米粉	mǐfěn	rice noodles	3

木瓜	mùguā	papaya	3
品尝	pǐncháng	taste	3
茄子	qiézi	eggplant	3
三明治	sānmíngzhì	sandwich	3
勺子	sháozi	spoon	3
食品	shípǐn	food	3
蔬菜	shūcài	vegetable	3
酸奶	suānnǎi	yoghurt	3
糖果	tángguǒ	candy	3
晚餐	wǎncān	supper, dinner	3
西餐	xīcān	Western-style food	3
西红柿	xīhóngshì	tomato	3
香肠	xiāngcháng	sausage	3
香喷喷	xiāngpēnpēn	fragrant	3
香甜	xiāngtián	fragrant and sweet	3
小麦	xiǎomài	wheat	3
羊肉	yángròu	mutton	3
饮料	yǐnliào	beverage	3
营养	yíngyǎng	nutrition	3
有名	yǒumíng	famous	3
月饼	yuèbǐng	mooncake	3
早餐	zǎocān	breakfast	3
早点	zǎodiǎn	breakfast	3
中餐	zhōngcān	Chinese food	3
白糖	báitáng	white sugar	4
拌	bàn	mix	4

贝	bèi	shellfish	4
布丁	bùdīng	pudding	4
菜油	càiyóu	rape oil	4
叉子	chāzi	fork	4
茶具	chájù	tea set	4
炒面	chǎomiàn	stir-fried noodles	4
厨师	chúshī	cook, chief	4
传统	chuántǒng	tradition	4
大饱口福	dà bǎo kǒufú	get a feast for one's appitite	4
蛋白质	dànbáizhì	protein	4
电饭锅	diànfànguō	rice cooker	4
豆浆	dòujiāng	soybean milk	4
豆角	dòujiǎo	green bean	4
豆芽	dòuyá	bean sprout	4
丰富	fēngfù	abundant	4
丰盛	fēngshèng	sumptuous	4
肝	gān	liver	4
糕点	gāodiǎn	pastry	4
果酱	guǒjiàng	jam	4
海鲜	hǎixiān	seafood	4
胡椒	hújiāo	pepper	4
火锅	huǒguō	hot pot	4
火腿	huǒtuǐ	ham	4
坚果	jiānguǒ	nut	4
敬酒	jìng jiǔ	propose a toast	4
酒楼	jiǔlóu	restaurant	4

开心果	kāixīnguǒ	pistachio	4
烤肉	kǎoròu	barbecue	4
烤鸭	kǎoyā	roasted duck	4
口味	kǒuwèi	flavor	4
快餐	kuàicān	fast food	4
李子	lǐzi	plum	4
凉拌	liángbàn	dress cold food with sauce	4
绿茶	lùchá	green tea	4
麻花	máhuā	fried dough twist	4
芒果	mángguǒ	mango	4
牛排	niúpái	steak	4
排骨	páigǔ	spareribs	4
螃蟹	pángxiè	crab	4
泡菜	pàocài	pickled vegetables	4
肉松	ròusōng	dried meat floss	4
沙拉	shālā	salad	4
寿司	shòusī	sushi	4
蒜头	suàntóu	garlic	4
提供	tígōng	provide	4
午餐	wǔcān	lunch	4
香味	xiāngwèi	fragrance	4
小吃	xiǎochī	snack	4
洋葱	yángcōng	onion	4
夜市	yèshì	night market	4
饮食	yǐnshí	diet	4
油条	yóutiáo	deep-fried dough sticks	4

蒸	zhēng	steam	4
粥	zhōu	porridge	4
菜花	càihuā	cauliflower	5
茶馆	cháguǎn	teahouse	5
地道	dìdao	authentic	5
碟子	diézi	small plate	5
风味	fēngwèi	flavor	5
锅巴	guōbā	rice crust	5
核桃	hétao	walnut	5
红薯	hóngshǔ	sweet potato	5
壶	hú	pot	5
花茶	huāchá	scented tea	5
姜	jiāng	ginger	5
就餐	jiùcān	dine	5
开饭	kāifàn	serve a meal	5
腊肠	làcháng	sausage	5
榴莲	liúlián	durian	5
猕猴桃	míhóutáo	kiwi (fruit)	5
奶酪	nǎilào	cheese	5
柠檬	níngméng	lemon	5
芹菜	qíncài	celery	5
青椒	qīngjiāo	green pepper	5
食用	shíyòng	edible	5
薯片	shǔpiàn	potato chips	5
薯条	shǔtiáo	french fries	5
蒜	suàn	garlic	5

调味	tiáowèi	season	5
维生素	wéishēngsù	vitamin	5
杏	xìng	apricot	5
杏仁	xìngrén	almond	5
椰子	yēzi	coconut	5

日常生活—购物

比	bǐ	than	1
便宜	piányi	cheap	1
超市	chāoshì	supermarket	1
大	dà	big	1
东西	dōngxi	thing	1
短	duǎn	short	1
饭店	fàndiàn	restaurant	1
给	gěi	give	1
号	hào	size	1
加	jiā	add	1
件	jiàn	piece	1
旧	jiù	old	1
练习	liànxí	practise, exercise	1
买	mǎi	buy	1
卖	mài	sell	1
没有	méiyǒu	have not, there is not	1
铅笔	qiānbǐ	pencil	1
钱	qián	money	1
商店	shāngdiàn	shop	1
少	shǎo	little, few	1
书包	shūbāo	schoolbag	1
数	shù/shǔ	number (*n.*); count (*v.*)	1
双	shuāng	double, pair	1
送	sòng	send, give	1
算	suàn	calculate	1
小	xiǎo	small	1

新	xīn	new	1
要	yào	want, would like	1
有	yǒu	have	1
元	yuán	*yuan*	1
怎么样	zěnmeyàng	how, what	1
真	zhēn	real, true	1
纸	zhǐ	paper	1
报纸	bàozhǐ	newspaper	2
公斤	gōngjīn	kilogram	2
贵	guì	expensive	2
好看	hǎokàn	good-looking	2
斤	jīn	*jin* (=500g)	2
美元	Měiyuán	US dollar	2
人民币	Rénmínbì	RMB	2
市场	shìchǎng	market	2
试	shì	test, try	2
一共	yīgòng	altogether	2
找	zhǎo	look for	2
字典	zìdiǎn	dictionary	2
便利店	biànlìdiàn	convenience store	3
成熟	chéngshú	mature	3
尺子	chǐzi	ruler	3
刀子	dāozi	knife	3
各种	gè zhǒng	various	3
各种各样	gè zhǒng gè yàng	various	3
瓜子	guāzǐ	melon seeds	3
逛	guàng	stroll, ramble	3
合适	héshì	appropriate	3

价格	jiàgé	price	3
讲价	jiǎngjià	bargain	3
凉鞋	liángxié	sandals	3
品尝	pǐncháng	taste	3
商场	shāngchǎng	department store	3
商品	shāngpǐn	commodity	3
收银台	shōuyíntái	cashier	3
书店	shūdiàn	bookstore	3
挑选	tiāoxuǎn	choose	3
文具	wénjù	stationery	3
文字	wénzì	written language, script	3
物品	wùpǐn	goods	3
小说	xiǎoshuō	novel, fiction	3
圆珠笔	yuánzhūbǐ	ball pen	3
制造	zhìzào	manufacture	3
不大不小	bù dà bù xiǎo	neither too big nor too small	4
菜市场	càishìchǎng	food market	4
打折	dǎzhé	discount	4
大街小巷	dàjiē xiǎo xiàng	high streets and back lanes	4
甘甜	gāntián	sweet	4
购买	gòumǎi	purchase	4
货币	huòbì	currency	4
减	jiǎn	subtract, reduce	4
买卖	mǎimai	business	4
漫画	mànhuà	comics, caricature	4
钱包	qiánbāo	wallet, purse	4
日用品	rìyòngpǐn	daily necessities	4
日元	Rìyuán	Japanese yen	4

商人	shāngrén	merchant	4
售货员	shòuhuòyuán	salesperson	4
特价	tèjià	on sale	4
物美价廉	wù měi jià lián	high quality and inexpensive	4
小贩	xiǎofàn	vendor	4
信用卡	xìnyòngkǎ	credit card	4
夜市	yèshì	night market	4
英镑	Yīngbàng	pound	4
用品	yòngpǐn	articles for use	4
杂志	zázhì	magazine	4
专卖店	zhuānmàidiàn	specialty store	4
付款	fù kuǎn	pay a sum of money	5
购物	gòuwù	go shopping	5
画报	huàbào	pictorial	5
货物	huòwù	goods	5
讨价还价	tǎojià-huánjià	bargin	5
套餐	tàocān	package service	5
退换	tuìhuàn	exchange/replace a purchase	5
营业	yíngyè	do business	5
农贸市场	nóngmào shìchǎng	farmers' market	6
齐全	qíquán	complete	6
商标	shāngbiāo	trademark	6

日常生活—出行与交通

巴士	bāshì	bus	1
车站	chēzhàn	station	1
出	chū	out	1
从	cóng	from	1
地方	dìfang	place	1
地铁	dìtiě	subway, metro	1
飞机	fēijī	plane	1
公共汽车	gōnggòng qìchē	bus	1
过	guò	pass, cross	1
回	huí	return	1
火车	huǒchē	train	1
机场	jīchǎng	airport	1
进	jìn	enter	1
近	jìn	near	1
酒店	jiǔdiàn	hotel	1
快	kuài	fast	1
来	lái	come	1
离	lí	be away from	1
路	lù	road	1
慢	màn	slow	1
哪	nǎ	which	1
那	nà	that	1
那儿	nàr	there	1
旁边	pángbiān	side	1
汽车	qìchē	car	1

去	qù	go	1
上	shàng	on	1
问	wèn	ask	1
下	xià	below	1
远	yuǎn	far	1
在	zài	be at/in/on (a place)	1
怎么	zěnme	how	1
站	zhàn	station	1
这	zhè	this	1
这儿	zhèr	here	1
自行车	zìxíngchē	bicycle	1
走	zǒu	walk	1
坐	zuò	sit	1
安全	ānquán	safe	2
参观	cānguān	visit	2
车票	chēpiào	ticket (for bus, train, etc.)	2
乘	chéng	take (a bus, train, etc.)	2
出发	chūfā	set out	2
出租车	chūzūchē	taxi	2
登记	dēngjì	register	2
等	děng	wait	2
方便	fāngbiàn	convenient	2
行李	xíngli	luggage	2
护照	hùzhào	passport	2
火车站	huǒchēzhàn	railway station	2
机票	jīpiào	flight ticket	2
架	jià	[used for sth with a stand or mechanism]	2

景色	jǐngsè	scenery	2
离开	líkāi	leave	2
辆	liàng	[for vehicles]	2
马路	mǎlù	road	2
桥	qiáo	bridge	2
停	tíng	stop	2
危险	wēixiǎn	dangerous, danger	2
向	xiàng	towards	2
小心	xiǎoxīn	be cautious	2
一直	yīzhí	straight	2
银行	yínháng	bank	2
安全带	ānquándài	safety belt	3
斑马线	bānmǎxiàn	zebra crossing	3
车辆	chēliàng	vehicle	3
窗口	chuāngkǒu	window	3
闯	chuǎng	run (a red light)	3
道路	dàolù	road	3
登机牌	dēngjīpái	boarding pass	3
地名	dìmíng	place name	3
地铁站	dìtiězhàn	metro station	3
对面	duìmiàn	the opposite side	3
返回	fǎnhuí	return	3
风光	fēngguāng	scenery, landscape	3
附近	fùjìn	nearby	3
公路	gōnglù	road	3
观赏	guānshǎng	enjoy the sight (of)	3
国际	guójì	international	3
好玩	hǎowán	interesting	3

红灯	hóngdēng	red light	3
红绿灯	hóng-lǜdēng	traffic lights	3
降落伞	jiàngluòsǎn	parachute	3
交通	jiāotōng	traffic	3
街道	jiēdào	street	3
开车	kāichē	drive a car	3
客车	kèchē	passenger car, coach	3
来回	láihuí	back and forth	3
路灯	lùdēng	street lamp	3
路口	lùkǒu	intersection	3
旅行	lǚxíng	travel	3
旅游	lǚyóu	travel	3
绿灯	lǜdēng	green light	3
摩托车	mótuōchē	motorcycle	3
起飞	qǐfēi	take off	3
司机	sījī	driver	3
天桥	tiānqiáo	overpass, pedestrian bridge	3
卧铺	wòpù	sleeping berth	3
游客	yóukè	tourist	3
车夫	chēfū	coachman	4
车厢	chēxiāng	carriage	4
乘客	chéngkè	passenger	4
匆忙	cōngmáng	hastily	4
大街小巷	dàjiē xiǎo xiàng	high streets and back lanes	4
导游	dǎoyóu	guide	4
高速公路	gāosù gōnglù	expressway	4
计程车	jìchéngchē	taxi	4

加油站	jiāyóuzhàn	gas station	4
列车员	lièchēyuán	attendant on a train	4
门票	ménpiào	admission ticket	4
迷路	mílù	get lost	4
塞车	sāichē	be stuck in a traffic jam	4
三轮车	sānlúnchē	tricycle	4
十字路口	shízì lùkǒu	crossroads	4
手续	shǒuxù	procedure	4
售票	shòu piào	sell tickets	4
售票员	shòupiàoyuán	conductor	4
托运	tuōyùn	consign for shipment	4
外出	wàichū	go out	4
欣赏	xīnshǎng	appreciate	4
一路平安	yīlù píng'ān	have a safe journey	4
一路顺风	yīlù shùnfēng	have a nice trip	4
硬卧	yìngwò	hard sleeper	4
硬座	yìngzuò	hard seat	4
游览	yóulǎn	visit	4
遵守	zūnshǒu	comply with	4
餐车	cānchē	dining car	5
电车	diànchē	tram	5
规则	guīzé	rule, regulation	5
行程	xíngchéng	route of travel	5
航海	hánghǎi	navigation	5
航空	hángkōng	aviation	5
流连忘返	liúlián wàng fǎn	enjoy oneself so much as to forget to go home	5
旅程	lǚchéng	journey	5

名胜古迹	míngshèng gǔjì	places of interest	5
人行道	rénxíngdào	sidewalk	5
送行	sòngxíng	see sb off	5
出境	chūjìng	leave the country	6
检验	jiǎnyàn	inspect	6
秩序	zhìxù	order	6

日常生活—方位、方向

北	běi	north	1
东	dōng	east	1
后	hòu	back, behind	1
回	huí	return	1
近	jìn	near	1
里	lǐ	inside	1
哪儿	nǎr	where	1
南	nán	south	1
旁边	pángbiān	side	1
前	qián	in front of	1
上	shàng	on	1
西	xī	west	1
下	xià	below	1
右	yòu	right	1
远	yuǎn	far	1
中	zhōng	in	1
中间	zhōngjiān	middle	1
左	zuǒ	left	1
到处	dàochù	everywhere	2
方向	fāngxiàng	direction	2
后面	hòumiàn	back, behind	2
里面	lǐmiàn	inside	2
南面	nánmiàn	south	2
前面	qiánmiàn	front	2
上来	shànglái	come up	2
上面	shàngmiàn	above	2

外面	wàimiàn	outside	2
下面	xiàmiàn	below	2
下去	xiàqù	get down	2
向	xiàng	towards	2
一边	yībiān	one side	2
右边	yòubian	right	2
左边	zuǒbian	left	2
北方	běifāng	north	3
东南	dōngnán	southeast	3
附近	fùjìn	nearby	3
前方	qiánfāng	ahead	3
西南	xīnán	southwest	3
向前	xiàng qián	forward	3
指南针	zhǐnánzhēn	compass	3
准确	zhǔnquè	accurate	3
东北	dōngběi	northeast	4
上边	shàngbian	above	4
西北	xīběi	northwest	4
指点	zhǐdiǎn	give directions	4
方位	fāngwèi	position, direction	5
指明	zhǐmíng	indicate, point out	5

日常生活—逛公园

高兴	gāoxìng	happy	1
美	měi	beautiful	1
鸟	niǎo	bird	1
山	shān	hill	1
树	shù	tree	1
喜欢	xǐhuan	like	1
照片	zhàopiàn	photo	1
这儿	zhèr	here	1
草地	cǎodì	grassland	2
风景	fēngjǐng	scenery	2
公园	gōngyuán	park	2
景色	jǐngsè	scenery	2
美丽	měilì	beautiful	2
拍	pāi	take (photos)	2
鲜花	xiānhuā	fresh flower	2
雕塑	diāosù	sculpture	3
雕像	diāoxiàng	statue	3
逛	guàng	stroll, ramble	3
画家	huàjiā	painter	3
宁静	níngjìng	tranquil	3
拍照	pāizhào	take a picture	3
伟大	wěidà	great	3
有名	yǒumíng	famous	3
著名	zhùmíng	famous	3
壮观	zhuàngguān	spectacular, magnificent	3

绘画	huìhuà	painting	4
油画	yóuhuà	oil painting	4
作品	zuòpǐn	works	4
画布	huàbù	canvas	5
杰出	jiéchū	outstanding	5
摄影	shèyǐng	photography	5
写生	xiěshēng	draw from nature	5
艺术家	yìshùjiā	artist	5
艺术品	yìshùpǐn	work of art	5
映照	yìngzhào	reflect	5
着迷	zháomí	be fascinated	5
壮大	zhuàngdà	expand	5
创作	chuàngzuò	create	6

日常生活—交通工具

地铁	dìtiě	subway, metro	1
飞机	fēijī	plane	1
公共汽车	gōnggòng qìchē	bus	1
火车	huǒchē	train	1
机场	jīchǎng	airport	1
汽车	qìchē	car	1
下车	xià chē	get off (a vehicle)	1
自行车	zìxíngchē	bicycle	1
车票	chēpiào	ticket	2
出租车	chūzūchē	taxi	2
火车站	huǒchēzhàn	railway station	2
机票	jīpiào	flight ticket	2
上车	shàng chē	get on (a vehicle)	2
停车	tíngchē	stop (a car)	2
小船	xiǎo chuán	small boat	2
校车	xiàochē	school bus	2
座位	zuòwèi	seat	2
安全带	ānquándài	safety belt	3
车辆	chēliàng	vehicle	3
登机口	dēngjīkǒu	boarding gate	3
登机牌	dēngjīpái	boarding pass	3
地铁站	dìtiězhàn	metro station	3
飞行	fēixíng	fly	3
港口	gǎngkǒu	port	3
开车	kāichē	drive a car	3

轮船	lúnchuán	ship	3
摩托车	mótuōchē	motorcycle	3
跑道	pǎodào	runway	3
起飞	qǐfēi	take off	3
让座	ràngzuò	offer one's seat to sb	3
司机	sījī	driver	3
停车场	tíngchēchǎng	parking lot	3
站台	zhàntái	platform	3
乘客	chéngkè	passenger	4
单行道	dānxíngdào	one-way street	4
方向盘	fāngxiàngpán	steering wheel	4
货车	huòchē	truck	4
加油站	jiāyóuzhàn	gas station	4
轿车	jiàochē	car	4
警车	jǐngchē	police car	4
救护车	jiùhùchē	ambulance	4
救生衣	jiùshēngyī	life jacket	4
售票员	shòupiàoyuán	conductor	4
下降	xiàjiàng	decline, lower	4
船桨	chuánjiǎng	oar, paddle	5
帆船	fānchuán	sailboat	5
航空	hángkōng	aviation	5
手推车	shǒutuīchē	trolley	5

日常生活—看地图

北京	Běijīng	Beijing	1
国家	guójiā	country	1
看	kàn	look	1
哪儿	nǎr	where	1
那里	nàlǐ	there	1
上海	Shànghǎi	Shanghai	1
这儿	zhèr	here	1
中国	Zhōngguó	China	1
地球	dìqiú	earth	2
地图	dìtú	map	2
东边	dōngbian	east	2
公里	gōnglǐ	kilometer	2
海洋	hǎiyáng	ocean	2
邻居	línjū	neighbor	2
美国	Měiguó	the United States	2
南方	nánfāng	southern region	2
南面	nánmiàn	south	2
形状	xíngzhuàng	shape	2
北方	běifāng	northern region	3
地球仪	dìqiúyí	terrestrial globe	3
南北	nánběi	north and south	3
西边	xībian	west	3
亚洲	Yàzhōu	Asia	3
之间	zhījiān	between	3

东部	dōngbù	eastern part	4
陆地	lùdì	land	4
太平洋	Tàipíng Yáng	Pacific (Ocean)	4
高原	gāoyuán	plateau	5

日常生活—旅游

带	dài	lead	1
宾馆	bīnguǎn	hotel	2
参观	cānguān	visit	2
出发	chūfā	set out	2
行李	xíngli	luggage	2
客人	kèrén	guest	2
路上	lùshang	on the road	2
玩	wán	play	2
卫生间	wèishēngjiān	toilet, washroom	2
游玩	yóuwán	go sightseeing	2
照相	zhàoxiàng	take photos	2
周围	zhōuwéi	surrounding	2
大堂	dàtáng	lobby	3
到达	dàodá	arrive	3
好玩	hǎowán	interesting	3
活动	huódòng	activity	3
景点	jǐngdiǎn	scenic spot	3
旅行	lǚxíng	travel	3
旅游	lǚyóu	travel	3
游客	yóukè	tourist	3
包裹	bāoguǒ	package	4
导游	dǎoyóu	guide	4
行李箱	xínglixiāng	luggage case	4
景区	jǐngqū	scenic spot	4
客房	kèfáng	guest room	4

前台	qiántái	reception	4
温泉	wēnquán	hot spring	4
五星级	wǔ xīngjí	five-star	4
游览	yóulǎn	visit	4
帐篷	zhàngpeng	tent	4
度假村	dùjiàcūn	resort	5
名胜古迹	míngshèng gǔjì	places of interest	5

日常生活—问路

近	jìn	near	1
路	lù	road	1
哪儿	nǎr	where	1
那儿	nàr	there	1
那里	nàlǐ	there	1
问	wèn	ask	1
远	yuǎn	far	1
怎么	zěnme	how	1
朝	cháo	towards	2
地图	dìtú	map	2
方向	fāngxiàng	direction	2
拐弯	guǎiwān	turn around	2
问路	wèn lù	ask the way	2
向	xiàng	towards	2
一直	yīzhí	straight	2
对面	duìmiàn	the opposite side	3
附近	fùjìn	nearby	3
那边	nà bian	there	3
这边	zhè bian	here	3
迷路	mílù	get lost	4
十字路口	shízì lùkǒu	crossroads	4

日常生活—娱乐

唱	chàng	sing	1
电视	diànshì	TV	1
电影	diànyǐng	film, movie	1
歌	gē	song	1
看	kàn	look	1
草地	cǎodì	grassland	2
唱歌	chàng gē	sing	2
池塘	chítáng	pond	2
得意	déyì	proud	2
动物园	dòngwùyuán	zoo	2
公园	gōngyuán	park	2
好看	hǎokàn	good-looking	2
节目	jiémù	program	2
卡拉OK	kǎlā OK	karaoke	2
拍	pāi	take (photos)	2
玩具	wánjù	toy	2
音乐	yīnyuè	music	2
游戏	yóuxì	game	2
有趣	yǒuqù	interesting	2
有意思	yǒu yìsi	interesting	2
照相	zhàoxiàng	take photos	2
博物馆	bówùguǎn	museum	3
歌曲	gēqǔ	song	3
鼓掌	gǔzhǎng	applause	3
观看	guānkàn	watch	3

喝彩	hècǎi	cheer	3
滑梯	huátī	slide	3
欢呼	huānhū	cheer, hail	3
欢笑	huānxiào	laugh	3
活动	huódòng	activity	3
激烈	jīliè	fierce	3
精彩	jīngcǎi	marvellous	3
木马	mùmǎ	rocking horse	3
排队	páiduì	queue	3
球迷	qiúmí	(ball game) fan	3
上网	shàngwǎng	surf the Internet	3
笑话	xiàohua	joke	3
新闻	xīnwén	news	3
演出	yǎnchū	show, performance	3
音乐会	yīnyuèhuì	concert	3
游乐场	yóulèchǎng	amusement park	3
植物园	zhíwùyuán	botanical garden	3
打气	dǎqì	pump up, cheer up, encourage	4
钓鱼	diàoyú	go fishing	4
过山车	guòshānchē	roller coaster	4
京剧	jīngjù	Beijing opera	4
酒吧	jiǔbā	bar	4
乐队	yuèduì	band	4
谜语	míyǔ	riddle	4
秋千	qiūqiān	swing	4
软件	ruǎnjiàn	software	4
训练	xùnliàn	train	4
野餐	yěcān	picnic	4

游船	yóuchuán	touring boat	4
不倒翁	bùdǎowēng	tumbler	5
猜谜	cāi mí	guess a riddle	5
打鼓	dǎ gǔ	play the drum	5
电子游戏	diànzǐ yóuxì	computer game	5
哈哈镜	hāhājìng	distorting mirror	5
划船	huá chuán	row	5
话剧	huàjù	drama, play	5
摩天轮	mótiānlún	ferris wheel, sky wheel	5
碰碰车	pèngpèngchē	bumper car	5
跷跷板	qiāoqiāobǎn	seesaw	5
吸引	xīyǐn	attract	5
娱乐	yúlè	entertain	5
杂技	zájì	acrobatics	5
指挥	zhǐhuī	command	5
捉迷藏	zhuōmícáng	hide-and-seek	5
频道	píndào	channel	6
嬉戏	xīxì	play, have fun	6

日常生活—运动

打	dǎ	play (games)	1
快	kuài	fast	1
篮球	lánqiú	basketball	1
慢	màn	slow	1
球	qiú	ball	1
踢	tī	kick	1
自行车	zìxíngchē	bicycle	1
足球	zúqiú	football, soccer	1
比赛	bǐsài	match	2
参加	cānjiā	participate	2
操场	cāochǎng	playground	2
打球	dǎ qiú	play a ball	2
动作	dòngzuò	action	2
对方	duìfāng	opposite side	2
爬山	pá shān	climb a mountain	2
排球	páiqiú	volleyball	2
跑步	pǎobù	run, jog	2
皮球	píqiú	ball	2
乒乓球	pīngpāngqiú	table tennis	2
桥	qiáo	bridge	2
球场	qiúchǎng	court	2
散步	sànbù	take a walk	2
体育	tǐyù	physical education	2
跳	tiào	jump	2
跳绳	tiàoshéng	rope skipping	2
跳舞	tiàowǔ	dance	2

玩	wán	play	2
网球	wǎngqiú	tennis	2
游泳	yóuyǒng	swim	2
羽毛球	yǔmáoqiú	badminton	2
运动	yùndòng	sport, exercise	2
运动会	yùndònghuì	sports meeting	2
终点	zhōngdiǎn	finish line	2
奥运会	Àoyùnhuì	Olympic Games	3
拔河	báhé	tug-of-war	3
棒球	bàngqiú	baseball	3
本领	běnlǐng	ability, capacity	3
波浪	bōlàng	wave	3
冲浪	chōnglàng	surf	3
锻炼	duànliàn	take exercise	3
队员	duìyuán	team member	3
鼓掌	gǔzhǎng	applause	3
冠军	guànjūn	champion	3
喝彩	hècǎi	cheer	3
滑梯	huátī	slide	3
激烈	jīliè	fierce	3
接力赛	jiēlìsài	relay race	3
金牌	jīnpái	gold medal	3
排队	páiduì	queue	3
骑车	qí chē	ride a bike	3
球门	qiúmén	goal	3
球迷	qiúmí	(ball game) fan	3
上网	shàngwǎng	surf the Internet	3
世界杯	Shìjiè Bēi	World Cup	3

守门员	shǒuményuán	goalkeeper	3
摔倒	shuāidǎo	fall	3
摔跤	shuāijiāo	wrestle	3
台球	táiqiú	billiards	3
体育馆	tǐyùguǎn	gym	3
跳高	tiàogāo	high jump	3
围棋	wéiqí	*weiqi*	3
武术	wǔshù	martial art	3
象棋	xiàngqí	Chinese chess	3
选手	xuǎnshǒu	player	3
保龄球	bǎolíngqiú	bowling	4
冰球	bīngqiú	ice hockey	4
冰鞋	bīngxié	skating boots	4
裁判员	cáipànyuán	referee	4
发球	fāqiú	serve (a ball)	4
橄榄球	gǎnlǎnqiú	rugby, football	4
杠铃	gànglíng	barbell	4
高尔夫球	gāo'ěrfūqiú	golf	4
滑冰	huábīng	skate	4
滑雪	huáxuě	ski	4
奖牌	jiǎngpái	medal	4
教练	jiàoliàn	coach	4
接力	jiēlì	relay	4
竞赛	jìngsài	competition	4
缆车	lǎnchē	cable car	4
溜冰	liūbīng	skate	4
球拍	qiúpāi	racket	4
球赛	qiúsài	ball game	4

柔道	róudào	judo	4
胜负	shèngfù	victory or defeat	4
太极拳	tàijíquán	*taiji*	4
体操	tǐcāo	gymnastics	4
体育场	tǐyùchǎng	stadium	4
违规	wéiguī	violate the regulations	4
训练	xùnliàn	train	4
哑铃	yǎlíng	dumbbell	4
裁判	cáipàn	referee	5
打鼓	dǎ gǔ	play the drum	5
单杠	dāngàng	horizontal bar	5
冬泳	dōngyǒng	winter outdoor swimming	5
飞镖	fēibiāo	darts	5
规则	guīzé	rule, regulation	5
划船	huá chuán	row	5
滑雪板	huáxuěbǎn	skiing board	5
记录	jìlù	record	5
健美操	jiànměicāo	aerobics	5
举重	jǔzhòng	weightlifting	5
摩托艇	mótuōtǐng	motorboat	5
潜水	qiánshuǐ	dive	5
拳击	quánjī	boxing	5
雪橇	xuěqiāo	sled	5
协会	xiéhuì	association	6

日常生活—通信

存	cún	deposit	1
打	dǎ	make (a phone call)	1
打电话	dǎ diànhuà	call	1
电话	diànhuà	telephone	1
发	fā	send (an e-mail)	1
国家	guójiā	country	1
寄	jì	send	1
取	qǔ	take	1
声音	shēngyīn	voice	1
收	shōu	collect, receive	1
手机	shǒujī	mobile phone	1
信	xìn	letter	1
传真	chuánzhēn	fax	2
打开	dǎkāi	open	2
电话卡	diànhuàkǎ	phone card	2
电脑	diànnǎo	computer	2
电子邮件	diànzǐ yóujiàn	e-mail	2
封	fēng	[for sth enveloped]	2
关机	guānjī	shut down	2
接	jiē	receive	2
收到	shōudào	receive, get	2
说话	shuōhuà	speak	2
贴	tiē	paste	2
停	tíng	stop	2
响	xiǎng	ring	2
信封	xìnfēng	envelope	2

邮件	yóujiàn	mail	2
邮局	yóujú	post office	2
邮票	yóupiào	stamp	2
充电	chōngdiàn	charge	3
传真机	chuánzhēnjī	fax machine	3
地址	dìzhǐ	address	3
公用电话	gōngyòng diànhuà	public phone	3
号码	hàomǎ	number	3
贺年卡	hèniánkǎ	New Year card	3
加快	jiākuài	accelerate	3
接听	jiētīng	answer (the phone)	3
开机	kāijī	start (the machine or engine)	3
联系	liánxì	contact	3
留言条	liúyántiáo	note	3
哪些	nǎxiē	which	3
平信	píngxìn	ordinary mail	3
消息	xiāoxi	message	3
信箱	xìnxiāng	mailbox	3
姓名	xìngmíng	full name	3
邮箱	yóuxiāng	mailbox	3
邮政编码	yóuzhèng biānmǎ	postcode	3
邮政局	yóuzhèngjú	post office	3
转告	zhuǎngào	pass on	3
包裹	bāoguǒ	package, parcel	4
包裹单	bāoguǒdān	parcel form	4
便条	biàntiáo	note	4
拨通	bōtōng	dial through	4
超重	chāozhòng	overweight	4

电话亭	diànhuàtíng	telephone booth	4
短信	duǎnxìn	short message	4
格式	géshì	format	4
挂号信	guàhàoxìn	registered letter	4
交往	jiāowǎng	associate (with)	4
来信	láixìn	incoming letter, send a letter here	4
铃声	língshēng	ring tone	4
留言	liúyán	leave a message	4
明信片	míngxìnpiàn	postcard	4
日期	rìqī	date	4
设备	shèbèi	equipment	4
想念	xiǎngniàn	miss	4
写法	xiěfǎ	way of writing	4
信息	xìnxī	information	4
邮政	yóuzhèng	postal service	4
座机	zuòjī	fixed-line phone	4
邮筒	yóutǒng	mailbox	5
集邮	jíyóu	collect stamps	6
联络	liánluò	contact	6
通信	tōngxìn	communication	6

日常生活—生日

高兴	gāoxìng	happy	1
给	gěi	give	1
礼物	lǐwù	gift	1
送	sòng	send, give	1
蛋糕	dàngāo	cake	2
干杯	gānbēi	cheers	2
开心	kāixīn	delighted	2
快乐	kuàilè	joyful	2
蜡烛	làzhú	candle	2
热闹	rènao	lively	2
生日	shēngrì	birthday	2
希望	xīwàng	hope	2
祝	zhù	wish	2
出生	chūshēng	be born	3
惊喜	jīngxǐ	pleasant surprise	3
庆祝	qìngzhù	celebrate	3
愿望	yuànwàng	desire	3
祝福	zhùfú	bless	3
卡片	kǎpiàn	card	4
万事如意	wànshì rúyì	(wish sb) everything goes well	4
祝贺	zhùhè	congratulate	4
祝愿	zhùyuàn	wish	4
感恩	gǎn'ēn	feel grateful	5
许愿	xǔyuàn	make a wish	5

日常生活—朋友

朋友	péngyou	friend	1
一起	yīqǐ	together	1
照片	zhàopiàn	photo	1
帮助	bāngzhù	help	2
互相	hùxiāng	each other	2
开心	kāixīn	delighted	2
快乐	kuàilè	joyful	2
生气	shēngqì	angry	2
想起	xiǎngqǐ	think of	2
一块儿	yīkuàir	together	2
道歉	dàoqiàn	apologize	3
激动	jīdòng	excited	3
伤害	shānghài	hurt	3
思念	sīniàn	miss	3
一同	yītóng	together	3
友情	yǒuqíng	friendship	3
友谊	yǒuyì	friendship	3
原谅	yuánliàng	forgive	3
值得	zhídé	worth	3
孤单	gūdān	lonely	4
纪念	jìniàn	commemorate	4
交往	jiāowǎng	associate (with)	4
接触	jiēchù	come into contact with	4
离别	líbié	farewell	4
态度	tàidù	attitude	4

要好	yàohǎo	be close friends	4
印象	yìnxiàng	impression	4
诚恳	chéngkěn	sincere	5
勉励	miǎnlì	encourage	5
危急	wēijí	critical	5
珍藏	zhēncáng	treasure	5
情同手足	qíngtóngshǒuzú	be close like brothers	6

日常生活—人际交往

别人	biérén	others	1
对不起	duìbuqǐ	I'm sorry	1
高兴	gāoxìng	happy	1
借	jiè	borrow	1
你好	nǐ hǎo	hello	1
请	qǐng	please	1
请问	qǐngwèn	excuse me	1
认识	rènshi	know, be acquainted with	1
送	sòng	send, give	1
同意	tóngyì	agree	1
谢谢	xièxie	thank you	1
再见	zàijiàn	bye	1
帮忙	bāngmáng	help	2
帮助	bāngzhù	help	2
等待	děngdài	wait	2
丢	diū	lose	2
扶	fú	help sb stand up, hold	2
感谢	gǎnxiè	thank	2
告诉	gàosu	tell	2
关心	guānxīn	care for	2
记得	jìde	remember	2
见面	jiànmiàn	meet	2
介绍	jièshào	introduce	2
客气	kèqi	polite, courteous	2
客人	kèrén	guest	2

困难	kùnnan	difficulty	2
没关系	méi guānxi	never mind	2
难过	nánguò	sad	2
请进	qǐng jìn	Come in, please.	2
生气	shēngqì	angry	2
失望	shīwàng	disappointed	2
事情	shìqing	thing	2
说话	shuōhuà	speak	2
相信	xiāngxìn	believe	2
小心	xiǎoxīn	be cautious	2
兴奋	xīngfèn	excited	2
样子	yàngzi	appearance	2
愿意	yuànyì	be willing to	2
报答	bàodá	repay	3
不客气	bù kèqì	you are welcome	3
惭愧	cánkuì	ashamed	3
吵架	chǎojià	quarrel	3
打扰	dǎrǎo	disturb	3
告别	gàobié	farewell	3
好心	hǎoxīn	kind heart	3
宽容	kuānróng	tolerant	3
礼貌	lǐmào	politeness, courtesy	3
让座	ràngzuò	offer one’s seat to sb	3
熟悉	shúxi	be familiar with	3
心情	xīnqíng	mood	3
迎接	yíngjiē	meet, welcome	3
招呼	zhāohu	greet	3

做客	zuòkè	be a guest	3
抱歉	bàoqiàn	sorry	4
称呼	chēnghu	call, address	4
从容	cóngróng	calm	4
回报	huíbào	repay	4
美德	měidé	virtue	4
请客	qǐngkè	treat	4
热心	rèxīn	enthusiastic	4
熟人	shúrén	acquaintance	4
问候	wènhòu	greet	4
愉快	yúkuài	cheerful	4
照顾	zhàogù	look after	4
祝贺	zhùhè	congratulate	4
插嘴	chāzuǐ	cut in, interrupt	5
诚恳	chéngkěn	sincere	5
妒忌	dùjì	jealous	5
请帖	qǐngtiě	invitation	5
探望	tànwàng	visit	5
一言为定	yī yán wéi dìng	it's a deal	5
挂念	guàniàn	miss	6

日常生活—时间与空间

北	běi	north	1
才	cái	only	1
差	chà	be short of	1
常常	chángcháng	often	1
迟到	chídào	be late	1
到	dào	reach, get to	1
点	diǎn	o'clock	1
东	dōng	east	1
分钟	fēnzhōng	minute	1
刚	gāng	just	1
刚才	gāngcái	just now	1
刚刚	gānggāng	just	1
过	guò	surpass, exceed	1
还	hái	also, in addition	1
号	hào	date	1
后	hòu	after	1
今年	jīnnián	this year	1
今天	jīntiān	today	1
就	jiù	only, then	1
里	lǐ	inside	1
马上	mǎshàng	right away	1
忙	máng	busy	1
每天	měi tiān	every day	1
明年	míngnián	next year	1
明天	míngtiān	tomorrow	1

那里	nàlǐ	there	1
南	nán	south	1
年	nián	year	1
前	qián	before	1
去年	qùnián	last year	1
日	rì	day	1
上	shàng	on	1
上午	shàngwǔ	morning	1
时间	shíjiān	time	1
天	tiān	day	1
外	wài	outside	1
晚	wǎn	late	1
晚上	wǎnshang	night	1
西	xī	west	1
下	xià	below	1
下午	xiàwǔ	afternoon	1
现在	xiànzài	now	1
星期	xīngqī	week	1
星期二	Xīngqī'èr	Tuesday	1
星期六	Xīngqīliù	Saturday	1
星期日	Xīngqīrì	Sunday	1
星期三	Xīngqīsān	Wednesday	1
星期四	Xīngqīsì	Thursday	1
星期天	Xīngqītiān	Sunday	1
星期五	Xīngqīwǔ	Friday	1
星期一	Xīngqīyī	Monday	1
一会儿	yīhuìr	a little while	1

以前	yǐqián	earlier times	1
右	yòu	right	1
月	yuè	month	1
在	zài	be at/in/on (a place)	1
早	zǎo	early	1
早晨	zǎochén	(early) morning	1
这里	zhèlǐ	here	1
正在	zhèngzài	in the process of	1
中	zhōng	in	1
中间	zhōngjiān	middle	1
昨天	zuótiān	yesterday	1
左	zuǒ	left	1
北边	běibian	north	2
差不多	chàbuduō	almost	2
东边	dōngbian	east	2
方向	fāngxiàng	direction	2
后边	hòubian	back	2
后来	hòulái	later	2
后面	hòumiàn	back, behind	2
后天	hòutiān	the day after tomorrow	2
结束	jiéshù	end, finish	2
经常	jīngcháng	often	2
开始	kāishǐ	start	2
刻	kè	quarter (of an hour)	2
礼拜天	Lǐbàitiān	Sunday	2
里边	lǐbian	inside	2
里面	lǐmiàn	inside	2
每	měi	each, every	2

秒	miǎo	second	2
南边	nánbian	south	2
南面	nánmiàn	south	2
前面	qiánmiàn	front	2
前天	qiántiān	the day before yesterday	2
日子	rìzi	day	2
上面	shàngmiàn	above	2
时候	shíhou	time	2
外边	wàibian	outside	2
外面	wàimiàn	outside	2
西面	xīmiàn	west	2
下边	xiàbian	below	2
下面	xiàmiàn	below	2
先	xiān	first	2
小时	xiǎoshí	hour	2
已经	yǐjīng	already	2
右边	yòubian	right	2
周末	zhōumò	weekend	2
最近	zuìjìn	recently	2
左边	zuǒbian	left	2
安排	ānpái	arrange	3
宝贵	bǎoguì	valuable	3
古代	gǔdài	ancient times	3
空间	kōngjiān	space	3
来不及	láibují	it's too late to do sth	3
来得及	láidejí	there is still time to do sth	3
浪费	làngfèi	waste	3

那边	nà bian	there	3
前边	qiánbian	front	3
前方	qiánfāng	ahead	3
时光	shíguāng	time	3
提前	tíqián	do sth in advance	3
西边	xībian	west	3
一生	yīshēng	lifetime	3
永远	yǒngyuǎn	forever	3
这边	zhè bian	here	3
爱惜	àixī	cherish	4
北面	běimiàn	north	4
东面	dōngmiàn	east	4
日历	rìlì	calendar	4
日期	rìqī	date	4
上边	shàngbian	above	4
时针	shízhēn	hour hand	4
无限	wúxiàn	infinite	4
珍惜	zhēnxī	cherish	4
争取	zhēngqǔ	strive for	4
钟表	zhōngbiǎo	clocks and watches	4
准时	zhǔnshí	on time, punctual	4
滴答	dīdā	tick	5
光阴	guāngyīn	time	5
后方	hòufāng	rear	5
时钟	shízhōng	clock	5

日常生活—天气

白天	báitiān	daytime	1
低	dī	low	1
风	fēng	wind	1
高	gāo	high	1
刮风	guā fēng	be windy	1
冷	lěng	cold	1
晴	qíng	sunny	1
热	rè	hot	1
太阳	tàiyáng	sun	1
天气	tiānqì	weather	1
下雪	xià xuě	snow	1
下雨	xià yǔ	rain	1
最	zuì	most	1
变化	biànhuà	change	2
级	jí	level, grade	2
凉快	liángkuai	pleasantly cool	2
南方	nánfāng	southern region	2
暖和	nuǎnhuo	warm	2
乌云	wūyún	dark cloud	2
阳光	yángguāng	sunshine	2
阴	yīn	overcast	2
转	zhuǎn	turn	2
北方	běifāng	northern region	3
度	dù	degree	3
多云	duōyún	cloudy	3

零下	líng xià	below zero	3
气温	qìwēn	air temperature	3
闪电	shǎndiàn	lightning	3
收看	shōukàn	watch	3
温度	wēndù	temperature	3
温度计	wēndùjì	thermometer	3
风力	fēnglì	wind power	4
风向	fēngxiàng	wind direction	4
气候	qìhòu	climate	4
台风	táifēng	typhoon	4
夜间	yèjiān	at night	4
预报	yùbào	forecast	4
热带	rèdài	tropical zone	5

日常生活—颜色

白	bái	white	1
黑	hēi	black	1
红	hóng	red	1
黄	huáng	yellow	1
蓝	lán	blue	1
绿	lǜ	green	1
白色	báisè	white	2
黑色	hēisè	black	2
红色	hóngsè	red	2
黄色	huángsè	yellow	2
灰	huī	grey	2
蓝色	lánsè	blue	2
绿色	lǜsè	green	2
浅	qiǎn	(of colors) light	2
深	shēn	(of colors) deep, dark	2
颜色	yánsè	color	2
紫	zǐ	purple	2
橙色	chéngsè	orange	3
灰色	huīsè	grey	3
色彩	sècǎi	color	3
金黄色	jīnhuángsè	golden, blond	4
紫色	zǐsè	violet	4
粉红色	fěnhóngsè	pink	5
褐色	hèsè	brown	5
棕色	zōngsè	brown	5

日常生活—数字

八	bā	eight	1
百	bǎi	hundred	1
半	bàn	semi, half	1
多	duō	many	1
多少	duōshao	how many	1
二	èr	two	1
几	jǐ	several, how many	1
九	jiǔ	nine	1
两	liǎng	two	1
六	liù	six	1
七	qī	seven	1
千	qiān	thousand	1
三	sān	three	1
少	shǎo	little, few	1
十	shí	ten	1
四	sì	four	1
万	wàn	ten thousand	1
五	wǔ	five	1
一	yī	one	1
一些	yīxiē	some	1
倍	bèi	time	2
第	dì	[marker of ordinal numerals]	2
第二	dì-èr	second	2
第三	dì-sān	third	2

第一	dì-yī	first	2
俩	liǎ	two	2
零	líng	zero	2
数字	shùzì	figure, numeral	3

日常用品和物品—服饰

穿	chuān	wear	1
大	dà	big	1
短	duǎn	short	1
件	jiàn	piece	1
旧	jiù	old	1
破	pò	broken	1
手表	shǒubiǎo	wrist watch	1
双	shuāng	double, pair	1
条	tiáo	[for sth long, narrow or thin]	1
袜子	wàzi	socks	1
小	xiǎo	small	1
鞋	xié	shoes	1
新	xīn	new	1
用	yòng	use	1
长	cháng	long	1
只	zhī	[for one of certain paired things]	1
种	zhǒng	kind	1
包	bāo	bag	2
戴	dài	wear	2
挂	guà	hang	2
好看	hǎokàn	good-looking	2
换	huàn	change	2
紧	jǐn	tight	2
裤子	kùzi	trousers	2

帽子	màozi	hat	2
漂亮	piàoliang	beautiful	2
浅	qiǎn	(of colors) light	2
裙子	qúnzi	skirt	2
深	shēn	(of colors) deep, dark	2
松	sōng	loose	2
脱	tuō	take off	2
鞋子	xiézi	shoes	2
眼镜	yǎnjìng	glasses	2
衣服	yīfu	clothes	2
衬衫	chènshān	shirt	3
叠	dié	fold	3
拉链	lāliàn	zipper	3
凉鞋	liángxié	sandals	3
领带	lǐngdài	necktie	3
毛衣	máoyī	sweater	3
皮带	pídài	belt	3
上衣	shàngyī	jacket	3
手套	shǒutào	gloves	3
舒服	shūfu	comfortable	3
睡衣	shuìyī	pajamas	3
图案	tú'àn	pattern	3
围巾	wéijīn	scarf	3
系	jì	fasten	3
背心	bèixīn	vest	4
比基尼	bǐjīní	bikini	4

冰鞋	bīngxié	skate boots	4
风衣	fēngyī	windbreaker	4
夹克	jiākè	jacket	4
戒指	jièzhi	ring	4
礼服	lǐfú	full dress	4
连衣裙	liányīqún	dress	4
皮鞋	píxié	leather shoes	4
试衣间	shìyījiān	fitting room	4
拖鞋	tuōxié	slippers	4
外套	wàitào	coat	4
项链	xiàngliàn	necklace	4
校服	xiàofú	school uniform	4
靴子	xuēzi	boots	4
泳衣	yǒngyī	swimsuit	4
羽绒服	yǔróngfú	down jacket	4
布料	bùliào	cloth	5
耳环	ěrhuán	earrings	5
高跟鞋	gāogēnxié	high-heeled shoes	5
格子	gézi	lattice	5
毛线	máoxiàn	wool	5
尼龙	nílóng	nylon	5
披肩	pījiān	shawl	5
手链	shǒuliàn	bracelet	5
丝绸	sīchóu	silk	5
条纹	tiáowén	stripe	5
制服	zhìfú	uniform	5

日常用品和物品—住房与设施

杯子	bēizi	cup	1
厕所	cèsuǒ	toilet	1
出	chū	get out	1
窗户	chuānghu	window	1
床	chuáng	bed	1
低	dī	low	1
房间	fángjiān	room	1
房子	fángzi	house	1
放	fàng	put	1
干净	gānjìng	clean	1
高	gāo	high	1
关	guān	close	1
间	jiān	[used of smallest units of housing]	1
进	jìn	enter	1
旧	jiù	old	1
开	kāi	open	1
楼	lóu	building, floor	1
门	mén	door	1
新	xīn	new	1
椅子	yǐzi	chair	1
在	zài	be at/in/on (a place)	1
住	zhù	live	1
桌子	zhuōzi	table	1

座	zuò	seat	1
安静	ānjìng	quiet	2
安全	ānquán	safe	2
搬	bān	move	2
被子	bèizi	quilt	2
草坪	cǎopíng	lawn	2
层	céng	layer	2
朝	cháo	towards	2
厨房	chúfáng	kitchen	2
打扫	dǎsǎo	clean	2
地毯	dìtǎn	carpet	2
方便	fāngbiàn	convenient	2
花园	huāyuán	garden	2
家具	jiājù	furniture	2
镜子	jìngzi	mirror	2
邻居	línjū	neighbor	2
楼下	lóu xià	downstairs	2
毛巾	máojīn	towel	2
门口	ménkǒu	doorway	2
墙	qiáng	wall	2
沙发	shāfā	sofa	2
卫生间	wèishēngjiān	toilet, washroom	2
洗手间	xǐshǒujiān	toilet, washroom	2
宿舍	sùshè	dormitory	2
阳台	yángtái	balcony	2

院子	yuànzi	yard	2
整齐	zhěngqí	neat, in order	2
餐厅	cāntīng	restaurant	3
餐桌	cānzhuō	table	3
插座	chāzuò	socket	3
茶几	chájī	tea table	3
城堡	chéngbǎo	castle	3
窗	chuāng	window	3
大厅	dàtīng	hall	3
凳子	dèngzi	stool	3
地板	dìbǎn	floor	3
电梯	diàntī	elevator, escalator	3
栋	dòng	[used for housing]	3
肥皂	féizào	soap	3
宫殿	gōngdiàn	palace	3
开关	kāiguān	switch	3
客厅	kètīng	living room	3
楼房	lóufáng	building	3
楼梯	lóutī	stairs	3
马桶	mǎtǒng	commode	3
清洁	qīngjié	clean	3
书房	shūfáng	study	3
书架	shūjià	bookshelf	3
书桌	shūzhuō	desk	3
舒服	shūfu	comfortable	3
水龙头	shuǐlóngtóu	water tap	3

锁	suǒ	lock	3
台灯	táidēng	table lamp	3
台阶	táijiē	steps	3
卧室	wòshì	bedroom	3
钥匙	yàoshi	key	3
游泳池	yóuyǒngchí	swimming pool	3
浴室	yùshì	shower room	3
枕头	zhěntou	pillow	3
整洁	zhěngjié	neat	3
搬家	bānjiā	move	4
别墅	biéshù	villa	4
布置	bùzhì	decorate	4
床单	chuángdān	sheet	4
单元	dānyuán	unit	4
地下室	dìxiàshì	basement	4
对讲机	duìjiǎngjī	walkie-talkie	4
防盗门	fángdàomén	anti-theft door	4
垃圾桶	lājītǒng	trash bin	4
门铃	ménlíng	doorbell	4
四合院	sìhéyuàn	courtyard dwelling	4
天花板	tiānhuābǎn	ceiling	4
卫生纸	wèishēngzhǐ	toilet paper	4
屋顶	wūdǐng	roof	4
浴缸	yùgāng	bathtub	4
浴巾	yùjīn	bath towel	4
住宅	zhùzhái	residence, dwelling	4

车库	chēkù	garage	5
吊灯	diàodēng	chandelier	5
饭厅	fàntīng	dining room	5
公寓	gōngyù	apartment	5
门卫	ménwèi	guard	5
水槽	shuǐcáo	water tank	5
庭院	tíngyuàn	courtyard	5
烟囱	yāncōng	chimney	5
园子	yuánzi	garden	5

日常用品和物品—日用品

杯子	bēizi	cup	1
床	chuáng	bed	1
电灯	diàndēng	electric light	1
电话	diànhuà	telephone	1
电视机	diànshìjī	TV	1
东西	dōngxi	thing	1
坏	huài	break down	1
铅笔	qiānbǐ	pencil	1
手表	shǒubiǎo	wrist watch	1
手机	shǒujī	mobile phone	1
箱子	xiāngzi	box	1
用	yòng	use	1
玻璃	bōli	glass	2
袋子	dàizi	bag	2
电风扇	diànfēngshàn	electric fan	2
电脑	diànnǎo	computer	2
风筝	fēngzheng	kite	2
盒子	hézi	box	2
毛巾	máojīn	towel	2
闹钟	nàozhōng	alarm clock	2
气球	qìqiú	balloon	2
沙发	shāfā	sofa	2
桶	tǒng	barrel	2
玩具	wánjù	toy	2
洗衣机	xǐyījī	washing machine	2
牙膏	yágāo	toothpaste	2

牙刷	yáshuā	toothbrush	2
雨伞	yǔsǎn	umbrella	2
纸巾	zhǐjīn	tissue	2
冰箱	bīngxiāng	refrigerator	3
尺子	chǐzi	ruler	3
打印机	dǎyìnjī	printer	3
灯泡	dēngpào	light bulb	3
电池	diànchí	battery	3
风扇	fēngshàn	fan	3
工具	gōngjù	tool	3
开关	kāiguān	switch	3
空调	kōngtiáo	air conditioner	3
录音机	lùyīnjī	recorder	3
抹布	mābù	dishcloth	3
刷子	shuāzi	brush	3
锁	suǒ	lock	3
物品	wùpǐn	goods	3
钥匙	yàoshi	key	3
邮箱	yóuxiāng	mailbox	3
砖	zhuān	brick	3
锤子	chuízi	hammer	4
瓷器	cíqì	porcelain	4
电磁炉	diàncílú	electromagnetic furnace	4
电线	diànxiàn	wire	4
钉子	dīngzi	nail	4
斧头	fǔtóu	axe	4
海绵	hǎimián	sponge	4
键盘	jiànpán	keyboard	4

垃圾桶	lājītǒng	trash bin	4
铃铛	língdang	small bell	4
日用品	rìyòngpǐn	daily necessities	4
扫帚	sàozhou	broom	4
收音机	shōuyīnjī	radio	4
手电筒	shǒudiàntǒng	flashlight	4
拖把	tuōbǎ	mop	4
微波炉	wēibōlú	microwave oven	4
吸尘器	xīchénqì	vacuum cleaner	4
洗衣粉	xǐyīfěn	washing powder	4
相机	xiàngjī	camera	4
钟表	zhōngbiǎo	clocks and watches	4
扳手	bānshou	wrench	5
电器	diànqì	electric appliance	5
胶带	jiāodài	adhesive tape	5
胶卷	jiāojuǎn	film	5
锯	jù	saw	5
烤箱	kǎoxiāng	oven	5
录音带	lùyīndài	audio cassette	5
螺丝	luósī	screw	5
钳子	qiánzi	pliers	5
锹	qiāo	spade	5
梯子	tīzi	ladder	5
洗涤剂	xǐdíjì	detergent	5
油漆	yóuqī	paint	5

学校生活—学校

班	bān	class	1
厕所	cèsuǒ	toilet	1
词典	cídiǎn	dictionary	1
放	fàng	put	1
教	jiāo	teach	1
开学	kāixué	(of a school) open	1
老师	lǎoshī	teacher	1
留学生	liúxuéshēng	overseas student	1
年级	niánjí	grade	1
上课	shàngkè	attend/conduct a class	1
上学	shàngxué	go to school	1
书包	shūbāo	schoolbag	1
同学	tóngxué	classmate	1
图书馆	túshūguǎn	library	1
下课	xiàkè	dismiss a class	1
先生	xiānsheng	sir	1
学生	xuéshēng	student	1
学习	xuéxí	study	1
学校	xuéxiào	school	1
椅子	yǐzi	chair	1
桌子	zhuōzi	table, desk	1
做	zuò	do	1
报纸	bàozhǐ	newspaper	2
参观	cānguān	visit	2
操场	cāochǎng	playground	2
大家	dàjiā	everyone	2

电脑	diànnǎo	computer	2
放学	fàngxué	dismiss children from school	2
汉字	Hànzì	Chinese character	2
黑板	hēibǎn	blackboard	2
讲	jiǎng	speak	2
教室	jiàoshì	classroom	2
考试	kǎoshì	examination	2
努力	nǔlì	make efforts	2
食堂	shítáng	canteen	2
洗手间	xǐshǒujiān	toilet, washroom	2
校园	xiàoyuán	campus	2
语文	yǔwén	Chinese	2
掌声	zhǎngshēng	applause	2
班长	bānzhǎng	monitor	3
班主任	bānzhǔrèn	teacher in charge of a class	3
办公室	bàngōngshì	office	3
毕业	bìyè	graduate	3
餐厅	cāntīng	restaurant	3
国际	guójì	international	3
活动	huódòng	activity	3
假期	jiàqī	vacation	3
教育	jiàoyù	education	3
普通话	pǔtōnghuà	*putonghua*	3
实验室	shíyànshì	laboratory	3
书架	shūjià	bookshelf	3
提高	tígāo	improve	3
体育馆	tǐyùguǎn	gym	3

图书	túshū	book	3
小说	xiǎoshuō	novel, fiction	3
校长	xiàozhǎng	principal	3
学期	xuéqī	semester	3
医务室	yīwùshì	clinic	3
优秀	yōuxiù	excellent	3
阅览室	yuèlǎnshì	reading room	3
运动场	yùndòngchǎng	sports venue	3
知识	zhīshi	knowledge	3
爱惜	àixī	cherish	4
礼堂	lǐtáng	auditorium	4
连环画	liánhuánhuà	comics	4
漫画	mànhuà	cartoon	4
目录	mùlù	catalog	4
设备	shèbèi	equipment	4
小卖部	xiǎomàibù	small store	4
演讲	yǎnjiǎng	make a speech	4
杂志	zázhì	magazine	4
注册	zhùcè	register, enrol	5
齐全	qíquán	complete	6

学校生活—教育

国家	guójiā	country	1
认真	rènzhēn	conscientious, earnest	1
爱护	àihù	take good care of	2
安全	ānquán	safe	2
帮助	bāngzhù	help	2
国旗	guóqí	national flag	2
欢迎	huānyíng	welcome	2
骄傲	jiāo'ào	proud	2
举行	jǔxíng	hold	2
努力	nǔlì	make efforts	2
热闹	rènao	lively	2
问题	wèntí	question, problem	2
祖国	zǔguó	motherland	2
保护	bǎohù	protect	3
出色	chūsè	outstanding	3
光荣	guāngróng	glorious	3
国歌	guógē	national anthem	3
国庆	guóqìng	national day	3
红旗	hóngqí	red flag	3
欢呼	huānhū	cheer, hail	3
教训	jiàoxùn	teach sb a lesson	3
教育	jiàoyù	education	3
良好	liánghǎo	good, fine	3
陌生	mòshēng	strange	3
破坏	pòhuài	destroy	3

勤劳	qínláo	industrious	3
热烈	rèliè	warm	3
伤害	shānghài	hurt	3
同胞	tóngbāo	compatriot	3
兴高采烈	xìnggāo-cǎiliè	jubilant	3
祝福	zhùfú	bless	3
自豪	zìháo	proud	3
爱惜	àixī	cherish	4
犯罪	fànzuì	commit a crime	4
毫不犹豫	háo bù yóuyù	without hesitation	4
坚持	jiānchí	insist	4
奖牌	jiǎngpái	medal	4
懒惰	lǎnduò	lazy	4
示范	shìfàn	demonstrate	4
团结	tuánjié	unite	4
羞愧	xiūkuì	ashamed	4
案件	ànjiàn	legal case	5
改过自新	gǎiguò zìxīn	start with a clean slate	5
积极	jījí	positive	5
敬礼	jìnglǐ	salute	5
勒索	lèsuǒ	extort	5
旗帜	qízhì	flag	5
损坏	sǔnhuài	damage	5
争光	zhēngguāng	win honor for	5
价值	jiàzhí	value	6
慷慨	kāngkǎi	generous	6

侵犯	qīnfàn	violate	6
庆典	qìngdiǎn	celebration	6
神圣	shénshèng	sacred	6
维护	wéihù	maintain	6
洗礼	xǐlǐ	baptism	6

学校生活—教学

迟到	chídào	be late	1
词典	cídiǎn	dictionary	1
错	cuò	wrong	1
读	dú	read	1
对	duì	correct	1
汉语	Hànyǔ	Chinese	1
回答	huídá	answer	1
教	jiāo	teach	1
教材	jiàocái	teaching material	1
句子	jùzi	sentence	1
课	kè	lesson	1
课本	kèběn	textbook	1
老师	lǎoshī	teacher	1
练习	liànxí	practise, exercise	1
明白	míngbai	clear (*adj.*); understand (*v.*)	1
难	nán	hard, difficult	1
年级	niánjí	grade	1
认真	rènzhēn	conscientious, earnest	1
上课	shàngkè	attend/conduct a class	1
上学	shàngxué	go to school	1
说	shuō	say	1
听	tīng	listen	1
同学	tóngxué	classmate	1
为什么	wèishénme	why	1
问	wèn	ask	1

下课	xiàkè	dismiss a class	1
写	xiě	write	1
学生	xuéshēng	student	1
学习	xuéxí	study	1
页	yè	page	1
中文	Zhōngwén	Chinese	1
作业	zuòyè	homework	1
安静	ānjìng	quiet	2
班级	bānjí	class	2
比较	bǐjiào	compare	2
比赛	bǐsài	match	2
表扬	biǎoyáng	praise	2
成绩	chéngjì	achievement, performance	2
地图	dìtú	map	2
懂	dǒng	understand	2
读书	dúshū	read a book, study	2
跟	gēn	with	2
汉字	Hànzì	Chinese character	2
黑板	hēibǎn	blackboard	2
会话	huìhuà	conversation	2
讲	jiǎng	explain, make clear	2
紧张	jǐnzhāng	nervous	2
进步	jìnbù	progress	2
考试	kǎoshì	examination	2
课间	kèjiān	class break	2
课文	kèwén	text	2

课桌	kèzhuō	desk	2
努力	nǔlì	make efforts	2
清楚	qīngchu	clear	2
容易	róngyì	easy	2
生词	shēngcí	new word	2
数学	shùxué	mathematics	2
体育	tǐyù	physical education	2
听写	tīngxiě	dictation	2
同桌	tóngzhuō	deskmate	2
问题	wèntí	question, problem	2
写字	xiě zì	write	2
休息	xiūxi	rest	2
意思	yìsi	meaning	2
英文	Yīngwén	English	2
英语	Yīngyǔ	English	2
有趣	yǒuqù	interesting	2
有意思	yǒu yìsi	interesting	2
注意	zhùyì	pay attention to	2
坐下	zuòxià	sit down	2
座位	zuòwèi	seat	2
班主任	bānzhǔrèn	teacher in charge of a class	3
笔画	bǐhuà	strokes	3
毕业	bìyè	graduate	3
补课	bǔkè	make up (for) missed lessons	3
补习	bǔxí	take a remedial course	3
称赞	chēngzàn	praise	3

词语	cíyǔ	word	3
答案	dá'àn	answer	3
地球仪	dìqiúyí	terrestrial globe	3
发言	fāyán	make a speech	3
分数	fēnshù	grade	3
粉笔	fěnbǐ	chalk	3
复习	fùxí	review	3
改正	gǎizhèng	correct	3
功课	gōngkè	homework, school course	3
华文	Huáwén	Chinese	3
华语	Huáyǔ	Chinese	3
基础	jīchǔ	basic	3
及格	jígé	pass	3
集合	jíhé	gather, assemble	3
检查	jiǎnchá	inspect	3
讲台	jiǎngtái	platform	3
奖励	jiǎnglì	reward	3
奖状	jiǎngzhuàng	certificate of award	3
交流	jiāoliú	communicate	3
教学	jiāoxué/jiàoxué	teach (*v.*); teaching (*n.*)	3
教育	jiàoyù	education	3
解释	jiěshì	explain	3
举手	jǔshǒu	put up one's hand(s)	3
课堂	kètáng	classroom	3
口语	kǒuyǔ	oral language	3
朗读	lǎngdú	read aloud	3

马虎	mǎhu	careless	3
美术	měishù	fine arts	3
难题	nántí	difficult problem	3
期末	qīmò	end of a semester	3
实验	shíyàn	experiment	3
实验室	shíyànshì	laboratory	3
书法	shūfǎ	calligraphy	3
熟练	shúliàn	skilled	3
数字	shùzì	figure, numeral	3
讨论	tǎolùn	discuss	3
听讲	tīngjiǎng	listen to a speech	3
听课	tīngkè	attend a lecture	3
外语	wàiyǔ	foreign language	3
学期	xuéqī	semester	3
语言	yǔyán	language	3
阅读	yuèdú	read	3
知识	zhīshi	knowledge	3
专心	zhuānxīn	attentive	3
准确	zhǔnquè	accurate	3
姿势	zīshì	posture	3
背诵	bèisòng	recite	4
补习班	bǔxíbān	cram school	4
测验	cèyàn	test, quiz	4
抄写	chāoxiě	copy	4
初中	chūzhōng	junior high school	4
打瞌睡	dǎ kēshuì	doze off	4

东张西望	dōng zhāng xī wàng	look in every direction	4
发音	fāyīn	pronounce	4
辅导	fǔdǎo	coach, tutor	4
胡思乱想	húsī-luànxiǎng	make blind and disorderly conjectures	4
糊里糊涂	hú li hútu	muddle-headed	4
坚持	jiānchí	insist	4
角度	jiǎodù	angle, perspective	4
纠正	jiūzhèng	correct	4
考卷	kǎojuàn	examination paper	4
考题	kǎotí	examination question	4
课程	kèchéng	curriculum	4
流利	liúlì	fluent	4
满分	mǎnfēn	full mark	4
毛笔	máobǐ	writing brush	4
内容	nèiróng	content	4
配合	pèihé	coordinate	4
拼写	pīnxiě	spell	4
期中	qīzhōng	midterm	4
请教	qǐngjiào	consult	4
试题	shìtí	test questions	4
小动作	xiǎodòngzuò	little trick	4
严肃	yánsù	serious	4
预习	yùxí	preview	4
钟表	zhōngbiǎo	clocks and watches	4
草稿	cǎogǎo	draft	5
持之以恒	chízhī-yǐhéng	persevere	5

答题	dátí	answer questions	5
翻译	fānyì	translate	5
改写	gǎixiě	rewrite	5
巩固	gǒnggù	consolidate	5
和蔼	hé'ǎi	amiable	5
解答	jiědá	answer	5
课时	kèshí	class hour	5
轮流	lúnliú	take turns	5
起立	qǐlì	stand up	5
申请	shēnqǐng	apply for	5
提问	tíwèn	ask a question	5
选修	xuǎnxiū	elective	5
学年	xuénián	school year	5
音调	yīndiào	tone	5
用心	yòngxīn	be attentive	5
作弊	zuòbì	cheat	5
标准	biāozhǔn	standard	6

学校生活—活动

比赛	bǐsài	match	2
表演	biǎoyǎn	perform	2
参加	cānjiā	participate	2
操场	cāochǎng	playground	2
出发	chūfā	set out	2
加油	jiāyóu	come on	2
结束	jiéshù	end, finish	2
爬山	pá shān	climb a mountain	2
跑步	pǎobù	run, jog	2
取得	qǔdé	obtain	2
跳绳	tiàoshéng	rope skipping	2
跳舞	tiàowǔ	dance	2
通知	tōngzhī	notify, notification	2
赢	yíng	win	2
游戏	yóuxì	game	2
运动会	yùndònghuì	sports meeting	2
终点	zhōngdiǎn	finish line	2
拔河	báhé	tug-of-war	3
榜样	bǎngyàng	example	3
报告	bàogào	report	3
报名	bàomíng	sign up, register	3
锻炼	duànliàn	take exercise	3
鼓励	gǔlì	encourage	3
鼓掌	gǔzhǎng	applause	3
冠军	guànjūn	champion	3

广播	guǎngbō	radio broadcast	3
活动	huódòng	activity	3
激烈	jīliè	fierce	3
集体	jítǐ	collective, community	3
接力赛	jiēlìsài	relay race	3
进攻	jìngōng	attack	3
精彩	jīngcǎi	marvellous	3
举办	jǔbàn	host	3
落后	luòhòu	fall behind	3
庆祝	qìngzhù	celebrate	3
球员	qiúyuán	player	3
全体	quántǐ	all, whole	3
赛跑	sàipǎo	race	3
输	shū	lose	3
摔倒	shuāidǎo	fall	3
特色	tèsè	characteristic	3
跳高	tiàogāo	high jump	3
下棋	xià qí	play chess	3
选手	xuǎnshǒu	player	3
亚军	yàjūn	runner-up, second place	3
一年一度	yī nián yī dù	annually	3
迎接	yíngjiē	meet, welcome	3
展开	zhǎnkāi	launch, unfold	3
场面	chǎngmiàn	scene	4
出乎意料	chūhū yìliào	exceed one's expectations	4
队友	duìyǒu	teammate	4

发挥	fāhuī	give free rein to	4
发扬	fāyáng	carry forward	4
犯规	fànguī	break the rules	4
各就各位	gèjiù-gèwèi	each goes to his respective place	4
公布	gōngbù	publish, release	4
获奖	huòjiǎng	win a prize	4
奖品	jiǎngpǐn	award	4
精神	jīngshén	spirit	4
开幕	kāimù	begin, inaugurate	4
啦啦队	lālāduì	cheering squad	4
你追我赶	nǐ zhuī wǒ gǎn	race each other	4
齐心协力	qíxīn-xiélì	make concerted efforts	4
谦虚	qiānxū	modest	4
球赛	qiúsài	ball game	4
体操	tǐcāo	gymnastics	4
田径	tiánjìng	athletics	4
跳远	tiàoyuǎn	long jump	4
校友	xiàoyǒu	alumnus	4
演讲	yǎnjiǎng	make a speech	4
载歌载舞	zàigē-zàiwǔ	sing and dance joyously	4
展览	zhǎnlǎn	exhibit	4
争夺	zhēngduó	fight for	4
准时	zhǔnshí	on time	4
自信	zìxìn	be self-confident	4
不甘示弱	bùgān shìruò	be unwilling to be outdone	5
裁判	cáipàn	referee	5

出局	chūjú	out	5
罚球	fáqiú	play a penalty shot	5
防守	fángshǒu	defend	5
规则	guīzé	rule, regulation	5
后卫	hòuwèi	guard	5
记录	jìlù	record	5
郊游	jiāoyóu	go for an outing	5
竞走	jìngzǒu	race-walk	5
捐助	juānzhù	donate	5
联欢会	liánhuānhuì	party	5
嘹亮	liáoliàng	loud and clear	5
露营	lùyíng	camp (out)	5
美化	měihuà	beautify	5
培养	péiyǎng	cultivate	5
佩戴	pèidài	wear	5
品德	pǐndé	moral character	5
团队	tuánduì	team	5
违反	wéifǎn	violate	5
主题	zhǔtí	theme	5
慈善	císhàn	charitable	6
教导	jiàodǎo	teach	6
通告	tōnggào	announce	6
踊跃	yǒngyuè	enthusiastic, eagerly	6

学校生活—假期

地方	dìfang	place	1
放假	fàngjià	be on holiday	1
开学	kāixué	(of a school) open	1
请假	qǐngjiǎ	ask for leave	1
中国	Zhōngguó	China	1
参观	cānguān	visit	2
动物园	dòngwùyuán	zoo	2
风景	fēngjǐng	scenery	2
寒假	hánjià	winter vacation	2
机会	jīhuì	opportunity	2
结束	jiéshù	end, finish	2
开心	kāixīn	delighted	2
空气	kōngqì	air	2
美丽	měilì	beautiful	2
轻松	qīngsōng	relaxed	2
暑假	shǔjià	summer vacation	2
有趣	yǒuqù	interesting	2
有意思	yǒu yìsi	interesting	2
好玩	hǎowán	interesting	3
计划	jìhuà	plan	3
假期	jiàqī	vacation	3
旅行	lǚxíng	travel	3
旅游	lǚyóu	travel	3
拍照	pāizhào	take a picture	3
心情	xīnqíng	mood	3
游客	yóukè	tourist	3

长城	Chángchéng	Great Wall	3
导游	dǎoyóu	guide	4
度假	dùjià	go on vacation	4
短期	duǎnqī	short-term	4
攀登	pāndēng	climb	4
体验	tǐyàn	experience	4
游览	yóulǎn	visit	4
城墙	chéngqiáng	city wall	5
假日	jiàrì	holiday	5
见闻	jiànwén	what one sees and hears	5
名胜古迹	míngshèng gǔjì	places of interest	5

学校生活—其他

词典	cídiǎn	dictionary	1
干净	gānjìng	clean	1
开学	kāixué	(of a school) open	1
课本	kèběn	textbook	1
铅笔	qiānbǐ	pencil	1
请假	qǐngjià	ask for leave	1
上学	shàngxué	go to school	1
书包	shūbāo	schoolbag	1
打扫	dǎsǎo	clean	2
地图	dìtú	map	2
放学	fàngxué	dismiss children from school	2
汉字	Hànzì	Chinese character	2
教室	jiàoshì	classroom	2
介绍	jièshào	introduce	2
课室	kèshì	classroom	2
耐心	nàixīn	patient	2
批评	pīpíng	criticise	2
扫地	sǎodì	sweep the floor	2
听说	tīngshuō	hear of	2
问题	wèntí	question, problem	2
橡皮	xiàngpí	rubber, eraser	2
整齐	zhěngqí	neat, in order	2
字典	zìdiǎn	dictionary	2
班会	bānhuì	class meeting	3

班长	bānzhǎng	monitor	3
标点	biāodiǎn	punctuation	3
尺子	chǐzi	ruler	3
磁带	cídài	magnetic tape	3
答案	dá'àn	answer	3
读音	dúyīn	pronunciation	3
方法	fāngfǎ	method	3
解释	jiěshì	explain	3
看望	kànwàng	visit	3
排队	páiduì	queue	3
铅笔盒	qiānbǐhé	pencil case	3
说明	shuōmíng	explain, illustrate	3
讨论	tǎolùn	discuss	3
提高	tígāo	improve	3
文具	wénjù	stationery	3
文具盒	wénjùhé	pencil box	3
习惯	xíguàn	habit	3
疑问	yíwèn	question	3
意见	yìjiàn	opinion	3
阅读	yuèdú	read	3
值日	zhírì	be on duty	3
布置	bùzhì	assign (homework)	4
逗号	dòuhào	comma	4
好学	hào xué	studious	4
计算器	jìsuànqì	calculator	4
请教	qǐngjiào	consult	4
生字	shēngzì	new word	4

声旁	shēngpáng	phonetic element in a Chinese character	4
文章	wénzhāng	article	4
问号	wènhào	question mark	4
校服	xiàofú	school uniform	4
竞选	jìngxuǎn	campaign for	5
量词	liàngcí	measure word	5
名词	míngcí	noun	5
投票	tóupiào	vote	5
退步	tuìbù	retrogress	5
选举	xuǎnjǔ	elect	5
指导	zhǐdǎo	guide	5
推选	tuīxuǎn	select	6

文学艺术—故事

故事	gùshi	story	2
国王	guówáng	king	2
狐狸	húli	fox	2
传说	chuánshuō	legend	3
从前	cóngqián	once upon a time	3
怪物	guàiwu	monster	3
孔子	Kǒngzǐ	Confucius	3
神奇	shénqí	magical	3
爱迪生	Àidíshēng	Edison	4
拔苗助长	bámiáo-zhùzhǎng	artificially help the growth of a thing only to do it great harm	4
贝多芬	Bèiduōfēn	Beethoven	4
怪兽	guàishòu	monster	4
狐假虎威	hújiǎhǔwēi	bully people by flaunting one's powerful connections	4
神仙	shénxiān	immortal	4
对牛弹琴	duìniú-tánqín	cast pearls before swine	5
画蛇添足	huàshé-tiānzú	ruin the effect by adding sth superfluous	5
秦始皇	Qínshǐhuáng	Qin Shi Huangdi, First Emperor of the Qin Dynasty	5
守株待兔	shǒuzhū-dàitù	wait for gain without pain	5
亡羊补牢	wángyáng-bǔláo	mend the fold after the sheep is lost	5
掩耳盗铃	yǎn'ěr-dàolíng	deceive oneself	5
愚公移山	yúgōng-yíshān	do seemingly impossible things with dogged perseverance and succeed eventually	5

长生不老	chángshēng bù lǎo	be ever-young	5
自相矛盾	zìxiāng máodùn	contradict oneself	5
开天辟地	kāitiān-pìdì	the creation of heaven and earth	6
滥竽充数	lànyú-chōngshù	fill a post without real qualifications	6
塞翁失马	sàiwēng-shīmǎ	a blessing in disguise	6
一鸣惊人	yīmíng-jīngrén	amaze the world with a single brilliant feat	6

文学艺术—诗词

春	chūn	spring	1
春天	chūntiān	spring	1
秋	qiū	autumn, fall	1
秋天	qiūtiān	autumn, fall	1
诗	shī	poem	2
碧绿	bìlǜ	dark green	3
李白	Lǐ Bái	Li Bai	3
明月	míng yuè	bright moon	3
瀑布	pùbù	waterfall	3
亲人	qīnrén	one’s family members	3
诗句	shījù	verse	3
思念	sīniàn	miss	3
杜甫	Dù Fǔ	Du Fu	4
孤单	gūdān	lonely	4
古诗	gǔshī	ancient poetry	4
故乡	gùxiāng	hometown	4
何处	hé chù	where, which place	4
佳节	jiājié	(happy) festival	4
江南	Jiāngnán	South of the Yangtze River	4
神仙	shénxiān	immortal	4
诗歌	shīgē	poetry	4
诗人	shīrén	poet	4
唐朝	Tángcháo	Tang Dynasty	4
温馨	wēnxīn	warm and sweet	4
问候	wènhòu	greet	4

学问	xuéwen	knowledge	4
作者	zuòzhě	author	4
嫦娥	Cháng'é	the Chinese goddess of the moon	5
京城	jīngchéng	capital city	5
流传	liúchuán	spread	5
诗词	shīcí	poetry	5
相逢	xiāngféng	meet	5
异乡	yìxiāng	foreign land	5
游子	yóuzǐ	wanderer	5
长安	Cháng'ān	Chang'an	5

文学艺术—文学作品

故事	gùshi	story	2
孙悟空	Sūn Wùkōng	Sun Wukong	3
小说	xiǎoshuō	novel, fiction	3
写作	xiězuò	write	3
徒弟	túdì	apprentice	4
文学	wénxué	literature	4
武松	Wǔ Sōng	Wu Song	4
猪八戒	Zhū Bājiè	Zhu Bajie	4
作家	zuòjiā	writer	4
作品	zuòpǐn	work	4
作者	zuòzhě	author	4
翻山越岭	fān shān yuè lǐng	tramp over mountains and through ravines	5
孤岛	gūdǎo	isolated island	5
历险	lìxiǎn	adventure	5
千难万险	qiān nán wàn xiǎn	numerous difficulties and dangers	5
取经	qǔjīng	go on a pilgrimage for Buddhist scriptures	5
散文	sǎnwén	prose	5
主人公	zhǔréngōng	protagonist	5
逆境	nìjìng	adversity	6

文学艺术—艺术

唱	chàng	sing	1
电影	diànyǐng	film, movie	1
画	huà	paint	1
票	piào	ticket	1
照片	zhàopiàn	photo	1
照相机	zhàoxiàngjī	camera	1
纸	zhǐ	paper	1
表演	biǎoyǎn	perform	2
参观	cānguān	visit	2
唱歌	chànggē	sing	2
弹	tán	play (musical instruments)	2
动画片	dònghuàpiàn	cartoon	2
动作	dòngzuò	action	2
幅	fú	[for paintings]	2
钢琴	gāngqín	piano	2
鼓	gǔ	drum	2
好看	hǎokàn	good-looking	2
猴子	hóuzi	monkey	2
画画	huà huà	draw	2
尖	jiān	tip, sharp	2
节目	jiémù	program	2
美丽	měilì	beautiful	2
拍	pāi	take (photos)	2
闪闪	shǎnshǎn	glistening	2

跳舞	tiàowǔ	dance	2
贴	tiē	paste	2
喜爱	xǐ'ài	like	2
星星	xīngxing	star	2
颜色	yánsè	color	2
音乐	yīnyuè	music	2
有趣	yǒuqù	interesting	2
有意思	yǒu yìsi	interesting	2
包厢	bāoxiāng	box	3
本领	běnlǐng	ability, capacity	3
出色	chūsè	outstanding	3
创造	chuàngzào	create	3
打扮	dǎban	dress up	3
弹钢琴	tán gāngqín	play the piano	3
歌曲	gēqǔ	song	3
鼓掌	gǔzhǎng	applause	3
观众	guānzhòng	audience	3
好奇	hàoqí	curious	3
叫好	jiàohǎo	applause	3
精彩	jīngcǎi	marvellous	3
精美	jīngměi	exquisite	3
举办	jǔbàn	host	3
乐曲	yuèqǔ	music	3
美术	měishù	fine arts	3
魔术	móshù	magic	3
抛	pāo	throw	3

气势	qìshì	momentum	3
入迷	rùmí	be fascinated	3
书法	shūfǎ	calligraphy	3
陶醉	táozuì	be intoxicated	3
图案	tú'àn	pattern	3
武术	wǔshù	martial arts	3
舞台	wǔtái	stage	3
兴趣	xìngqù	interest	3
演	yǎn	perform	3
演出	yǎnchū	show, performance	3
演员	yǎnyuán	performer	3
演奏	yǎnzòu	play	3
艺术	yìshù	art	3
音乐会	yīnyuèhuì	concert	3
优秀	yōuxiù	excellent	3
幽默	yōumò	humorous	3
著名	zhùmíng	famous	3
芭蕾舞	bālěiwǔ	ballet	4
壁画	bìhuà	mural	4
传统	chuántǒng	tradition	4
大师	dàshī	master	4
弹奏	tánzòu	play	4
笛子	dízi	bamboo flute	4
电子琴	diànzǐqín	electronic organ	4
二胡	èrhú	*erhu*	4
发扬	fāyáng	carry forward	4

功夫片	gōngfupiàn	kung fu movie	4
古筝	gǔzhēng	*guzheng*	4
画笔	huàbǐ	paint brush	4
绘画	huìhuà	painting	4
技巧	jìqiǎo	technique	4
剪纸	jiǎnzhǐ	paper-cut	4
角度	jiǎodù	angle, perspective	4
京剧	jīngjù	Beijing opera	4
镜头	jìngtóu	camera lens	4
乐器	yuèqì	musical instrument	4
马戏	mǎxì	circus	4
毛笔	máobǐ	writing brush	4
墨	mò	ink	4
琵琶	pípa	*pipa*	4
奇妙	qímiào	amazing	4
摄像机	shèxiàngjī	video camera	4
生动	shēngdòng	vivid	4
图形	túxíng	graph	4
文化	wénhuà	culture	4
小提琴	xiǎotíqín	violin	4
欣赏	xīnshǎng	appreciate	4
形象	xíngxiàng	image	4
训练	xùnliàn	train	4
颜料	yánliào	pigment	4
影迷	yǐngmí	movie fan	4
油画	yóuhuà	oil painting	4

展览	zhǎnlǎn	exhibit	4
中国画	zhōngguóhuà	Chinese painting	4
主题歌	zhǔtígē	theme song	4
作品	zuòpǐn	work	4
变脸	biànliǎn	change facial expression rapidly [a special technique of performing arts in some traditional Chinese operas]	5
浮雕	fúdiāo	relief	5
钢丝	gāngsī	steel wire	5
歌剧	gējù	opera	5
行书	xíngshū	running script (in Chinese calligraphy)	5
画布	huàbù	canvas	5
话剧	huàjù	modern drama	5
纪录片	jìlùpiàn	documentary	5
剧场	jùchǎng	theater	5
剧院	jùyuàn	theater	5
绝技	juéjì	unique skill	5
脸谱	liǎnpǔ	facial makeup	5
锣	luó	gong	5
民族	mínzú	ethnic group	5
皮影戏	píyǐngxì	shadow play	5
跷跷板	qiāoqiāobǎn	seesaw	5
摄影	shèyǐng	photography	5
手风琴	shǒufēngqín	accordion	5
素描	sùmiáo	sketch	5
吸引	xīyǐn	attract	5

相声	xiàngsheng	crosstalk	5
谢幕	xièmù	take a curtain call	5
艺术家	yìshùjiā	artist	5
杂技	zájì	acrobatics	5
指挥	zhǐhuī	command	5
陈列	chénliè	display	6
精髓	jīngsuǐ	quintessence	6

文化—传统文化

名	míng	name	1
名字	míngzi	name	1
姓	xìng	surname	1
中国人	zhōngguórén	Chinese people	2
功夫	gōngfu	kung fu	3
特色	tèsè	characteristic	3
幸福	xìngfú	happiness, happy	3
姓名	xìngmíng	full name	3
农历	nónglì	lunar calendar	4
浓厚	nónghòu	strong	4
文化	wénhuà	culture	4
风俗	fēngsú	custom	5
生肖	shēngxiào	Chinese zodiac	5
习俗	xísú	custom	5

文化—剪纸

画	huà	paint	1
教	jiāo	teach	1
页	yè	page	1
纸	zhǐ	paper	1
按	àn	press	2
挂	guà	hang	2
红色	hóngsè	red	2
花草	huācǎo	flowers and grass	2
夹	jiā	place in between	2
剪	jiǎn	cut	2
剪刀	jiǎndāo	scissors	2
贴	tiē	paste	2
形状	xíngzhuàng	shape	2
灯笼	dēnglong	lantern	3
结婚	jiéhūn	marry	3
人物	rénwù	character	3
图案	tú'àn	pattern	3
展开	zhǎnkāi	open up	3
剪纸	jiǎnzhǐ	paper-cut	4
民间	mínjiān	folk	4
气氛	qìfēn	atmosphere	4
手工	shǒugōng	handcraft	4
喜庆	xǐqìng	joyous	4
增添	zēngtiān	add	4
案	àn	case	5

搭配	dāpèi	match	5
婚礼	hūnlǐ	wedding	5
精细	jīngxì	fine, delicate	5
鸳鸯	yuānyāng	mandarin duck	5
折叠	zhédié	fold	5
纸张	zhǐzhāng	paper	5

文化—书法

点	diǎn	point, dot	1
纸	zhǐ	paper	1
挑	tiāo	pick	2
写字	xiě zì	write	2
折	zhé	turning stroke	2
笔画	bǐhuà	stroke	3
钩	gōu	hook	3
横	héng	horizontal stroke	3
使用	shǐyòng	use	3
书法	shūfǎ	calligraphy	3
竖	shù	vertical stroke	3
毛笔	máobǐ	writing brush	4
墨	mò	ink	4
笔法	bǐfǎ	technique of writing	5
草书	cǎoshū	cursive script (in Chinese calligraphy)	5
行书	xíngshū	running script (in Chinese calligraphy)	5
楷书	kǎishū	regular script (in Chinese calligraphy)	5
撇	piě	left-falling stroke	5
保养	bǎoyǎng	maintain	6

文化—节日文化

穿	chuān	wear	1
礼物	lǐwù	gift	1
朋友	péngyou	friend	1
想	xiǎng	want	1
春节	Chūnjié	Spring Festival	2
过年	guònián	celebrate the Spring Festival	2
欢乐	huānlè	happy	2
饺子	jiǎozi	dumpling	2
节日	jiérì	holiday	2
快乐	kuàilè	joyful	2
南瓜	nánguā	pumpkin	2
气球	qìqiú	balloon	2
热闹	rènao	lively	2
时候	shíhou	(a point in) time	2
新年	xīnnián	new year	2
游玩	yóuwán	go sightseeing	2
周末	zhōumò	weekend	2
祝	zhù	wish	2
鞭炮	biānpào	firecracker	3
除夕	chúxī	New Year's Eve	3
传说	chuánshuō	legend	3
灯笼	dēnglong	lantern	3
国庆节	Guóqìngjié	National Day	3
贺卡	hèkǎ	greeting card	3

红包	hóngbāo	red packet	3
口香糖	kǒuxiāngtáng	chewing gum	3
平安	píng'ān	safe	3
庆祝	qìngzhù	celebrate	3
思念	sīniàn	miss	3
压岁钱	yāsuìqián	lucky money	3
烟花	yānhuā	fireworks	3
迎接	yíngjiē	meet, welcome	3
元旦	Yuándàn	New Year's Day	3
月饼	yuèbǐng	mooncake	3
中秋	Zhōngqiū	Mid-Autumn (Festival)	3
中秋节	Zhōngqiūjié	Mid-Autumn Festival	3
祝福	zhùfú	bless	3
挨家挨户	āi jiā āi hù	from door to door	4
拜年	bàinián	make a New Year call	4
出游	chūyóu	travel	4
传统	chuántǒng	tradition	4
大扫除	dàsǎochú	thorough cleaning	4
灯谜	dēngmí	lantern riddle	4
对联	duìlián	couplet	4
发财	fācái	make a fortune	4
贺	hè	congratulate	4
吉利	jílì	auspicious	4
吉祥	jíxiáng	auspicious	4
佳节	jiājié	(happy) festival	4
街市	jiēshì	downtown street	4

卡片	kǎpiàn	card	4
年糕	niángāo	rice cake	4
年夜饭	niányèfàn	dinner on New Year's Eve	4
农历	nónglì	lunar calendar	4
祈祷	qídǎo	pray	4
气氛	qìfēn	atmosphere	4
亲戚	qīnqi	relative	4
清明节	Qīngmíngjié	Qingming Festival	4
屈原	Qū Yuán	Qu Yuan	4
圣诞	Shèngdàn	Christmas (Day)	4
圣诞节	Shèngdànjié	Christmas Day	4
圣诞老人	Shèngdàn Lǎorén	Santa Claus	4
团圆	tuányuán	reunion	4
万事如意	wànshì rúyì	(wish sb) everything goes well	4
喜气洋洋	xǐqì-yángyáng	full of joy	4
喜庆	xǐqìng	joyous	4
新春	xīnchūn	new spring [10 or 20 days following the Spring Festival]	4
烟火	yānhuǒ	fireworks	4
阴历	yīnlì	lunar calendar	4
载歌载舞	zàigē-zàiwǔ	sing and dance joyously	4
长辈	zhǎngbèi	elder	4
祝贺	zhùhè	congratulate	4
粽子	zòngzi	*zongzi*	4
做礼拜	zuò lǐbài	go to church	4
爆竹	bàozhú	firecracker	5

春联	chūnlián	Spring Festival couplets	5
端午节	Duānwǔjié	Dragon Boat Festival	5
风俗	fēngsú	custom	5
佛教	Fójiào	Buddhism	5
划船	huá chuán	row	5
欢声笑语	huānshēng-xiàoyǔ	cheers and laughter	5
基督教	Jīdūjiào	Christianity	5
假日	jiàrì	holiday	5
民俗	mínsú	folk custom	5
起源	qǐyuán	origin	5
扫墓	sǎomù	sweep a grave	5
神父	shénfù	priest	5
生肖	shēngxiào	Chinese zodiac	5
特产	tèchǎn	speciality	5
游行	yóuxíng	parade	5
元宵节	Yuánxiāojié	Lantern Festival	5
张贴	zhāngtiē	post	5
重阳节	Chóngyángjié	Double Ninth Festival	5
放生	fàngshēng	free captive creatures	6
伊斯兰教	Yīsīlánjiào	Islam	6
纪念日	jìniànrì	memorial day	6
教徒	jiàotú	believer	6
祈求	qíqiú	pray for	6
庆典	qìngdiǎn	celebration	6
神圣	shénshèng	sacred	6
天主教	Tiānzhǔjiào	Catholicism	6

信仰	xìnyǎng	faith	6
远眺	yuǎntiào	look far into the distance	6
张灯结彩	zhāngdēng-jiécǎi	decorate with laterns and streamers	6
宗教	zōngjiào	religion	6

文化—社交礼仪

对不起	duìbuqǐ	I'm sorry	1
高兴	gāoxìng	happy	1
礼物	lǐwù	gift	1
你好	nǐ hǎo	hello	1
请	qǐng	please	1
谢谢	xièxie	thank you	1
再见	zàijiàn	bye	1
坐	zuò	sit	1
感谢	gǎnxiè	thank	2
欢迎	huānyíng	welcome	2
介绍	jièshào	introduce	2
客人	kèrén	guest	2
没关系	méi guānxi	never mind	2
微笑	wēixiào	smile	2
安慰	ānwèi	comfort	3
不客气	bù kèqi	you are welcome	3
道歉	dàoqiàn	apologize	3
礼貌	lǐmào	politeness, courtesy	3
邀请	yāoqǐng	invite	3
迎接	yíngjiē	meet, welcome	3
赞美	zànměi	praise	3
称呼	chēnghu	call, address	4
挥手	huīshǒu	wave hands	4
亲吻	qīnwěn	kiss	4

长辈	zhǎngbèi	elder	4
祝贺	zhùhè	congratulate	4
道别	dàobié	say goodbye	5
鞠躬	jūgōng	bow	6

文化—人文地理

北京	Běijīng	Beijing	1
地	dì	ground	1
广州	Guǎngzhōu	Guangzhou	1
国家	guójiā	country	1
哪	nǎ	which	1
哪儿	nǎr	where	1
那	nà	that	1
那儿	nàr	there	1
那里	nàlǐ	there	1
上海	Shànghǎi	Shanghai	1
田	tián	field	1
这	zhè	this	1
这儿	zhèr	here	1
中国	Zhōngguó	China	1
参观	cānguān	visit	2
朝鲜	Cháoxiǎn	North Korea	2
城市	chéngshì	city	2
到处	dàochù	everywhere	2
地球	dìqiú	earth	2
地图	dìtú	map	2
法国	Fǎguó	France	2
方向	fāngxiàng	direction	2
菲律宾	Fēilǜbīn	the Philippines	2
公里	gōnglǐ	kilometer	2
海洋	hǎiyáng	ocean	2

韩国	Hánguó	South Korea	2
河内	Hénèi	Hanoi	2
柬埔寨	Jiǎnpǔzhài	Cambodia	2
金边	Jīnbiān	Phnom Penh	2
景色	jǐngsè	scenery	2
老挝	Lǎowō	Laos	2
历史	lìshǐ	history	2
马来西亚	Mǎláixīyà	Malaysia	2
马尼拉	Mǎnílā	Manila	2
曼谷	Màngǔ	Bangkok	2
美国	Měiguó	the United States	2
缅甸	Miǎndiàn	Myanmar	2
桥	qiáo	bridge	2
日本	Rìběn	Japan	2
森林	sēnlín	forest	2
泰国	Tàiguó	Thailand	2
万象	Wànxiàng	Vientiane	2
新加坡	Xīnjiāpō	Singapore	2
雅加达	Yǎjiādá	Jakarta	2
印度	Yìndù	India	2
印度尼西亚	Yìndùníxīyà	Indonesia	2
印尼	Yìnní	Indonesia	2
英国	Yīngguó	United Kingdom	2
越南	Yuènán	Vietnam	2
奥运会	Àoyùnhuì	Olympic Games	3
北半球	běi bànqiú	Northern Hemisphere	3
北极	běijí	Arctic Pole	3
地理	dìlǐ	geography	3

东半球	dōng bànqiú	Eastern Hemisphere	3
非洲	Fēizhōu	Africa	3
宫殿	gōngdiàn	palace	3
古代	gǔdài	ancient times	3
河流	héliú	river	3
胡同	hútòng	lane, alley	3
黄河	Huáng Hé	Yellow River	3
黄山	Huáng Shān	Mount Huang	3
吉隆坡	Jílóngpō	Kuala Lumpur	3
建设	jiànshè	construct	3
建筑	jiànzhù	architecture	3
交通	jiāotōng	traffic	3
距离	jùlí	distance	3
栏杆	lángān	railing	3
面积	miànjī	area	3
南半球	nán bànqiú	Southern Hemisphere	3
农村	nóngcūn	rural area	3
千姿百态	qiānzī-bǎitài	in different poses and with different expressions	3
人口	rénkǒu	population	3
沙漠	shāmò	desert	3
山峰	shānfēng	peak	3
世界	shìjiè	world	3
台湾	Táiwān	Taiwan (Province of China)	3
泰山	Tài Shān	Mount Tai	3
闻名	wénmíng	famous	3
西半球	xī bànqiú	Western Hemisphere	3
西部	xībù	western part	3

西南	xīnán	southwest	3
香港	Xiānggǎng	Hong Kong	3
亚洲	Yàzhōu	Asia	3
沿着	yánzhe	along	3
远方	yuǎnfāng	distant place	3
长城	Chángchéng	Great Wall	3
长江	Cháng Jiāng	Yangtze River	3
珍贵	zhēnguì	precious	3
北部	běibù	north part	4
北美洲	Běiměizhōu	North America	4
大洋洲	Dàyángzhōu	Oceania	4
东北	dōngběi	northeast	4
东部	dōngbù	eastern part	4
堵车	dǔchē	be traffic-jammed	4
风车	fēngchē	windmill	4
高速公路	gāosù gōnglù	expressway	4
工程	gōngchéng	engineering, project	4
规模	guīmó	scale	4
建筑物	jiànzhùwù	building, architect	4
景观	jǐngguān	scenery	4
考古	kǎogǔ	archaeology	4
陆地	lùdì	land	4
绿洲	lǜzhōu	oasis	4
南部	nánbù	southern part	4
南极洲	Nánjízhōu	Antarctica	4
南美洲	Nánměizhōu	South America	4
欧洲	Ōuzhōu	Europe	4

平方米	píngfāngmǐ	square meter	4
气候	qìhòu	climate	4
入口	rùkǒu	entrance	4
首都	shǒudū	capital	4
四合院	sìhéyuàn	courtyard dwelling	4
太平洋	Tàipíng Yáng	Pacific (Ocean)	4
唐人街	Tángrénjiē	Chinatown	4
天安门	Tiān'ānmén	Tian An Men	4
万里长城	Wànlǐ Chángchéng	Great Wall	4
西北	xīběi	northwest	4
雄伟	xióngwěi	magnificent	4
修建	xiūjiàn	build, construct	4
标志	biāozhì	sign, symbol	5
部落	bùluò	tribe	5
城墙	chéngqiáng	wall	5
赤道	chìdào	equator	5
独特	dútè	unique	5
法老	fǎlǎo	Pharaoh	5
分布	fēnbù	distribute	5
故宫	gùgōng	Imperial Palace	5
皇宫	huánggōng	palace	5
纪念碑	jìniànbēi	monument	5
金字塔	jīnzìtǎ	pyramid	5
举世闻名	jǔshì wénmíng	world-famous	5
名胜古迹	míngshèng gǔjì	places of interest	5
南极	nánjí	Antarctic Pole	5
奇迹	qíjì	miracle	5

设计	shèjì	design	5
时差	shíchā	time difference	5
丝绸之路	sīchóu zhī lù	Silk Road	5
梯田	tītián	terrace field	5
秀丽	xiùlì	beautiful	5
炎黄子孙	Yán-Huáng zǐsūn	descendants of Yan Di and Huang Di—Chinese people	5
园林	yuánlín	garden	5
沼泽	zhǎozé	swamp	5
布局	bùjú	layout	6
环绕	huánrào	surround	6
象征	xiàngzhēng	symbolize	6
修筑	xiūzhù	build	6
庄严	zhuāngyán	solemn	6
资源	zīyuán	resource	6

文化—历史

从	cóng	from	1
以前	yǐqián	earlier times	1
出现	chūxiàn	appear	2
从此	cóngcǐ	from now/then on	2
过去	guòqù	past times	2
后来	hòulái	later	2
回到	huídào	go back to	2
结果	jiéguǒ	result	2
历史	lìshǐ	history	2
听说	tīngshuō	hear of	2
想起	xiǎngqǐ	think of	2
小时候	xiǎoshíhou	childhood	2
以为	yǐwéi	think	2
最后	zuìhòu	last	2
曹操	Cáo Cāo	Cao Cao	3
带领	dàilǐng	lead	3
发明	fāmíng	invent, invention	3
贡献	gòngxiàn	contribute, contribution	3
古老	gǔlǎo	ancient	3
画家	huàjiā	painter	3
欢呼	huānhū	cheer, hail	3
军队	jūnduì	army	3
孔子	Kǒngzǐ	Confucius	3
那时	nà shí	then	3
士兵	shìbīng	soldier	3

水池	shuǐchí	pool	3
消失	xiāoshī	disappear	3
有名	yǒumíng	famous	3
官兵	guānbīng	officers and men	4
老百姓	lǎobǎixìng	ordinary people	4
诺贝尔	Nuòbèi’ěr	Nobel	4
文物	wénwù	cultural relic	4
西藏	Xīzàng	Tibet	4
总统	zǒngtǒng	president	4
作家	zuòjiā	writer	4
华夏	Huáxià	archaic name for China	5
杰出	jiéchū	outstanding	5
来源	láiyuán	source	5
流传	liúchuán	spread	5
牛顿	Niúdùn	Newton	5
长安	Cháng’ān	Chang’an	5
通俗	tōngsú	popular, common	6

动物与植物—动物

马	mǎ	horse	1
鸟	niǎo	bird	1
牛	niú	cattle	1
它	tā	it	1
它们	tāmen	[referring to non-human entities] they	1
条	tiáo	[for dogs, fish, crocodiles, etc.]	1
头	tóu	[for cattle, sheep, goats, elephants, donkeys, etc.]	1
小鸟	xiǎoniǎo	bird	1
羊	yáng	sheep	1
鱼	yú	fish	1
只	zhī	[for dogs, cattle, sheep, goats, elephants, etc.]	1
蚕	cán	silkworm	2
翅膀	chìbǎng	wing	2
虫子	chóngzi	worm	2
动物	dòngwù	animal	2
动物园	dòngwùyuán	zoo	2
鹅	é	goose	2
鸽子	gēzi	dove	2
狗	gǒu	dog	2
害虫	hàichóng	pest	2
猴子	hóuzi	monkey	2
狐狸	húli	fox	2
蝴蝶	húdié	butterfly	2
鸡	jī	chicken	2

金鱼	jīnyú	goldfish	2
可爱	kě'ài	lovely	2
孔雀	kǒngquè	peacock	2
狼	láng	wolf	2
老虎	lǎohǔ	tiger	2
老鼠	lǎoshǔ	mouse	2
老鹰	lǎoyīng	eagle	2
鹿	lù	deer	2
麻雀	máquè	sparrow	2
蚂蚁	mǎyǐ	ant	2
猫	māo	cat	2
蜜蜂	mìfēng	bee	2
棉花	miánhuā	cotton	2
青蛙	qīngwā	frog	2
蜻蜓	qīngtíng	dragonfly	2
山羊	shānyáng	goat	2
狮子	shīzi	lion	2
树林	shùlín	woods	2
树苗	shùmiáo	sapling	2
松鼠	sōngshǔ	squirrel	2
兔子	tùzi	rabbit	2
尾巴	wěiba	tail	2
蚊子	wénzi	mosquito	2
蜗牛	wōniú	snail	2
乌龟	wūguī	tortoise	2
乌鸦	wūyā	crow	2

虾	xiā	shrimp	2
熊	xióng	bear	2
鸭	yā	duck	2
鸭子	yāzi	duck	2
羽毛	yǔmáo	feather	2
爪子	zhuǎzi	claw	2
知了	zhīliǎo	cicada	2
猪	zhū	pig	2
竹子	zhúzi	bamboo	2
大象	dàxiàng	elephant	3
鳄鱼	èyú	crocodile	3
海豚	hǎitún	dolphin	3
河马	hémǎ	hippopotamus	3
龙虾	lóngxiā	lobster	3
骆驼	luòtuo	camel	3
敏捷	mǐnjié	agile	3
匹	pǐ	[for horses, wolfs, etc.]	3
企鹅	qǐ'é	penguin	3
绒毛	róngmáo	villus	3
生长	shēngzhǎng	grow	3
天鹅	tiān'é	swan	3
喜鹊	xǐquè	magpie	3
熊猫	xióngmāo	panda	3
鹰	yīng	eagle	3
啄木鸟	zhuómùniǎo	woodpecker	3
斑马	bānmǎ	zebra	4

壁虎	bìhǔ	house lizard	4
捕捉	bǔzhuō	catch	4
海马	hǎimǎ	sea horse	4
海鸥	hǎi'ōu	seagull	4
海狮	hǎishī	sea lion	4
海星	hǎixīng	starfish	4
胡须	húxū	beard	4
火鸡	huǒjī	turkey	4
鲸	jīng	whale	4
蝌蚪	kēdǒu	tadpole	4
鲤鱼	lǐyú	carp	4
驴	lǘ	donkey	4
螃蟹	pángxiè	crab	4
蚯蚓	qiūyǐn	earthworm	4
珊瑚	shānhú	coral	4
蟹	xiè	crab	4
野生	yěshēng	wild	4
长颈鹿	chángjǐnglù	giraffe	4
蜘蛛	zhīzhū	spider	4
捕食	bǔshí	prey	5
袋鼠	dàishǔ	kangaroo	5
蛤蟆	háma	toad	5
海龟	hǎiguī	sea turtle	5
猎豹	lièbào	cheetah	5
羚羊	língyáng	antelope	5

猫头鹰	māotóuyīng	owl	5
敏锐	mǐnruì	keen	5
鲨鱼	shāyú	shark	5
寿命	shòumìng	life span	5
乌贼	wūzéi	squid	5
犀牛	xīniú	rhinoceros	5
蜥蜴	xīyì	lizard	5
蟋蟀	xīshuài	cricket	5
猩猩	xīngxing	chimpanzee	5
章鱼	zhāngyú	octopus	5
斑纹	bānwén	stripe	6
栖息	qīxī	inhabit	6

动物与植物—植物

花	huā	flower	1
花儿	huār	flower	1
开花	kāihuā	blossom	1
小草	xiǎocǎo	grass	1
荷花	héhuā	lotus	2
花朵	huāduǒ	flower	2
花园	huāyuán	garden	2
菊花	júhuā	chrysanthemum	2
漂亮	piàoliang	beautiful	2
鲜花	xiānhuā	fresh flower	2
鲜艳	xiānyàn	colorful	2
小树	xiǎo shù	small tree	2
叶子	yèzi	leaf	2
植物	zhíwù	plant, botany	2
种子	zhǒngzi	seed	2
竹子	zhúzi	bamboo	2
桂花	guìhuā	sweet-scented osmanthus	3
兰花	lánhuā	orchid	3
莲花	liánhuā	lotus	3
玫瑰	méigui	rose	3
梅花	méihuā	plum blossom	3
茉莉花	mòlìhuā	jasmine flower	3
牡丹	mǔdan	peony	3
盛开	shèngkāi	be in full bloom	3
百合	bǎihé	lily	4

柳树	liǔshù	willow	4
树枝	shùzhī	branch	4
松树	sōngshù	pine	4
芭蕉	bājiāo	plantain	5
干枯	gānkū	withered	5
美化	měihuà	beautify	5

自然与环境—自然景观

白天	báitiān	daytime	1
春天	chūntiān	spring	1
冬天	dōngtiān	winter	1
风	fēng	wind	1
海	hǎi	sea	1
河	hé	river	1
近	jìn	near	1
秋天	qiūtiān	autumn, fall	1
山	shān	mountain, hill	1
声音	shēngyīn	voice	1
太阳	tàiyáng	sun	1
下雪	xià xuě	snow	1
下雨	xià yǔ	rain	1
夏天	xiàtiān	summer	1
雪	xuě	snow	1
雨	yǔ	rain	1
远	yuǎn	far	1
月亮	yuèliang	moon	1
云	yún	cloud	1
白云	báiyún	white cloud	2
贝壳	bèiké	shell	2
奔跑	bēnpǎo	run	2
彩虹	cǎihóng	rainbow	2
大地	dàdì	earth	2
大海	dàhǎi	sea	2
大自然	dàzìrán	nature	2

风景	fēngjǐng	scenery	2
海边	hǎibiān	seaside	2
海底	hǎidǐ	seabed	2
海洋	hǎiyáng	ocean	2
河边	hébiān	river bank	2
湖	hú	lake	2
季节	jìjié	season	2
江	jiāng	river	2
绿色	lǜsè	green	2
美丽	měilì	beautiful	2
蒙古	Měnggǔ	Mongolia	2
爬山	pá shān	climb a mountain	2
奇怪	qíguài	strange	2
泉水	quánshuǐ	spring water	2
沙滩	shātān	sand beach	2
山顶	shāndǐng	mountain top	2
山坡	shānpō	hillside	2
天空	tiānkōng	sky	2
乌云	wūyún	dark cloud	2
雾	wù	fog	2
星星	xīngxing	star	2
雪花	xuěhuā	snowflake	2
阳光	yángguāng	sunshine	2
雨点	yǔdiǎn	raindrop	2
周围	zhōuwéi	surrounding	2
岸边	ànbiān	bank, shore	3
碧绿	bìlǜ	dark green	3

波浪	bōlàng	wave	3
草原	cǎoyuán	grassland	3
登山	dēngshān	mountaineer	3
古老	gǔlǎo	ancient	3
海浪	hǎilàng	sea wave	3
海水	hǎishuǐ	sea water	3
海滩	hǎitān	beach	3
河流	héliú	river	3
河水	héshuǐ	river water	3
湖水	húshuǐ	lake water	3
黄河	Huáng Hé	Yellow River	3
黄山	Huáng Shān	Mount Huang	3
火山	huǒshān	volcano	3
溅	jiàn	splash	3
惊奇	jīngqí	surprised	3
景点	jǐngdiǎn	scenic spot	3
景物	jǐngwù	scenery	3
浪花	lànghuā	spray of breaking waves	3
乐趣	lèqù	delight	3
流动	liúdòng	flow	3
露珠	lùzhū	dewdrop	3
瀑布	pùbù	waterfall	3
清凉	qīngliáng	cool and refreshing	3
柔软	róuruǎn	soft	3
山脚	shānjiǎo	foot of a hill	3
山水	shānshuǐ	landscape	3
闪电	shǎndiàn	lightning	3
水滴	shuǐdī	water drop	3

四季	sìjì	four seasons	3
西湖	Xī Hú	West Lake	3
雪山	xuěshān	snow mountain	3
岩石	yánshí	rock	3
一望无际	yīwàng-wújì	stretch as far as eye can see	3
长江	Cháng Jiāng	Yangtze River	3
暴风雨	bàofēngyǔ	storm	4
奔驰	bēnchí	gallop, run quickly	4
冰川	bīngchuān	glacier	4
打雷	dǎléi	thunder	4
高峰	gāofēng	peak	4
黑夜	hēiyè	night	4
湖泊	húpō	lake	4
尽头	jìntóu	end	4
露水	lùshuǐ	dew	4
名胜	míngshèng	well-known scenic spot	4
牧场	mùchǎng	pasture	4
平坦	píngtǎn	flat	4
奇观	qíguān	wonder	4
太平洋	Tàipíng Yáng	Pacific (Ocean)	4
探险	tànxiǎn	explore	4
挺立	tǐnglì	stand upright	4
无边无际	wúbiān wújì	boundless	4
峡谷	xiágǔ	canyon	4
小溪	xiǎoxī	brook	4
雄伟	xióngwěi	magnificent	4
大漠	dàmò	desert	5
岛屿	dǎoyǔ	island	5

帆船	fānchuán	sailboat	5
高原	gāoyuán	plateau	5
海拔	hǎibá	altitude	5
荒凉	huāngliáng	bleak and desolate	5
名胜古迹	míngshèng gǔjì	places of interest	5
盆地	péndì	basin	5
平原	píngyuán	plain	5
山地	shāndì	mountainous region	5
山头	shāntóu	hilltop	5
山崖	shānyá	cliff	5
水蒸气	shuǐzhēngqì	steam	5
田间	tiánjiān	field	5
雨季	yǔjì	rainy season	5
运河	yùnhé	canal	5
沼泽	zhǎozé	swamp	5
苍茫	cāngmáng	vast	6
风貌	fēngmào	style and features	6
风情	fēngqíng	taste and interest	6
高涨	gāozhǎng	upsurge	6
盘旋	pánxuán	hover	6
区域	qūyù	region	6
温顺	wēnshùn	meek	6

自然与环境—气象

春	chūn	spring	1
春天	chūntiān	spring	1
冬	dōng	winter	1
冬天	dōngtiān	winter	1
风	fēng	wind	1
刮风	guā fēng	be windy	1
冷	lěng	cold	1
晴	qíng	sunny	1
秋	qiū	autumn	1
热	rè	heat	1
太阳	tàiyáng	sun	1
天气	tiānqì	weather	1
下雪	xià xuě	snow	1
下雨	xià yǔ	rain	1
夏	xià	summer	1
夏天	xiàtiān	summer	1
雪	xuě	snow	1
雨	yǔ	rain	1
月亮	yuèliang	moon	1
云	yún	cloud	1
白云	báiyún	white cloud	2
变化	biànhuà	change	2
冰	bīng	ice	2
彩虹	cǎihóng	rainbow	2
寒冷	hánlěng	cold	2

季节	jìjié	season	2
空气	kōngqì	air	2
凉快	liángkuai	pleasantly cool	2
暖和	nuǎnhuo	warm	2
晴朗	qínglǎng	sunny	2
天空	tiānkōng	sky	2
乌云	wūyún	dark cloud	2
星星	xīngxing	star	2
雪人	xuěrén	snowman	2
阴	yīn	overcast	2
结冰	jiébīng	freeze	3
雷电	léidiàn	thunder and lightning	3
雷雨	léiyǔ	thunderstorm	3
凉爽	liángshuǎng	pleasantly cool	3
闪电	shǎndiàn	lightning	3
四季	sìjì	four seasons	3
温暖	wēnnuǎn	warm	3
炎热	yánrè	burning hot	3
云朵	yúnduǒ	cloud mass	3
冰凉	bīngliáng	icy cold	4
春季	chūnjì	spring	4
晴空万里	qíngkōng wànlǐ	vast clear skies	4
沙尘	shāchén	dust and sand	4
夏季	xiàjì	summer	4
清新	qīngxīn	fresh	5

自然与环境—日月星辰

太阳	tàiyáng	sun	1
月亮	yuèliang	moon	1
地球	dìqiú	earth	2
明亮	míngliàng	bright	2
星星	xīngxing	star	2
阳光	yángguāng	sunshine	2
圆	yuán	circle	2
北极	běijí	Arctic Pole	3
火星	Huǒxīng	Mars	3
金星	Jīnxīng	Venus	3
流星	liúxīng	meteor	3
木星	Mùxīng	Jupiter	3
水星	Shuǐxīng	Mercury	3
土星	Tǔxīng	Saturn	3
星球	xīngqiú	star, planet	3
月球	yuèqiú	moon	3
海王星	Hǎiwángxīng	Neptune	4
彗星	huìxīng	comet	4
天亮	tiānliàng	dawn	4
天王星	Tiānwángxīng	Uranus	4
宇宙	yǔzhòu	universe	4
北斗星	Běidǒuxīng	Big Dipper	5
北极星	Běijíxīng	Polaris	5
航行	hángxíng	sail	5
黑洞	hēidòng	black hole	5

闪亮	shǎnliàng	sparkling	5
太阳能	tàiyángnéng	solar energy	5
卫星	wèixīng	satellite	5
银河	Yínhé	Milky Way	5
月食	yuèshí	lunar eclipse	5

自然与环境—自然灾害

被	bèi	by	1
场	chǎng	[for disasters]	2
地震	dìzhèn	earthquake	2
发生	fāshēng	happen	2
可怕	kěpà	terrible	2
失去	shīqù	lose	2
突然	tūrán	all of a sudden	2
勇敢	yǒnggǎn	brave	2
爆发	bàofā	outbreak	3
不幸	bùxìng	unfortunate	3
洪水	hóngshuǐ	flood	3
火山	huǒshān	volcano	3
家园	jiāyuán	home	3
来不及	láibují	it's too late to do sth	3
逃走	táozǒu	escape	3
灾难	zāinàn	disaster	3
苦难	kǔnàn	suffering	4
庆幸	qìngxìng	rejoice	4
水灾	shuǐzāi	flood disaster	4
台风	táifēng	typhoon	4
烟雾	yānwù	smoke, mist	4
淹没	yānmò	submerge, inundate	4
干旱	gānhàn	drought	5
吞没	tūnmò	engulf	5
重建	chóng jiàn	reconstruct	5

自然与环境—环境保护

干净	gānjìng	clean	1
爱护	àihù	take good care of	2
到处	dàochù	everywhere	2
地球	dìqiú	earth	2
海洋	hǎiyáng	ocean	2
空气	kōngqì	air	2
垃圾	lājī	garbage	2
森林	sēnlín	forest	2
失去	shīqù	lose	2
重要	zhòngyào	important	2
保护	bǎohù	protect	3
工厂	gōngchǎng	factory	3
河流	héliú	river	3
环境	huánjìng	environment	3
家园	jiāyuán	homeland	3
美好	měihǎo	beautiful	3
破坏	pòhuài	destruct	3
清洁	qīngjié	clean	3
人类	rénlèi	mankind	3
生物	shēngwù	biology	3
世界	shìjiè	world	3
污染	wūrǎn	pollute	3
污水	wūshuǐ	sewage	3
严重	yánzhòng	serious	3
自然	zìrán	nature	3

废气	fèiqì	waste gas	4
规律	guīlǜ	pattern, law	4
湖泊	húpō	lake	4
净化	jìnghuà	purify	4
砍伐	kǎnfá	cut down (trees)	4
能源	néngyuán	energy	4
气候	qìhòu	climate	4
清澈	qīngchè	clear	4
生态	shēngtài	ecology	4
水源	shuǐyuán	source of water	4
焚烧	fénshāo	burn	5
干燥	gānzào	dry	5
环保	huánbǎo	environmental protection	5
南极	nánjí	Antarctic Pole	5
农田	nóngtián	farmland	5
排放	páifàng	discharge	5
清新	qīngxīn	fresh	5
生存	shēngcún	survive	5
塑料袋	sùliàodài	plastic bag	5
再生	zàishēng	regenerate	5
责任	zérèn	responsibility	5
考察	kǎochá	investigate	6
枯竭	kūjié	dry up, be exhausted	6
拯救	zhěngjiù	salvage, rescue	6
资源	zīyuán	resources	6

科学技术—科学常识

电灯	diàndēng	electric light	1
电话	diànhuà	telephone	1
水	shuǐ	water	1
太阳	tàiyáng	sun	1
因为	yīnwèi	because	1
月亮	yuèliang	moon	1
道理	dàolǐ	reason, principle	2
地球	dìqiú	earth	2
空气	kōngqì	air	2
所以	suǒyǐ	so, thus	2
有趣	yǒuqù	interesting	2
原来	yuánlái	original, as a matter of fact	2
知道	zhīdào	know	2
电报	diànbào	telegraph	3
电梯	diàntī	elevator, escalator	3
发明	fāmíng	invent, invention	3
飞船	fēichuán	spaceship	3
观察	guānchá	observe	3
技术	jìshù	technology	3
科学	kēxué	science	3
科学家	kēxuéjiā	scientist	3
生物	shēngwù	biology	3
实验	shíyàn	experiment	3
实验室	shíyànshì	laboratory	3

水珠	shuǐzhū	drop of water	3
太空	tàikōng	space	3
晚霞	wǎnxiá	sunset glow	3
形成	xíngchéng	form	3
氧气	yǎngqì	oxygen	3
液体	yètǐ	liquid	3
指南针	zhǐnánzhēn	compass	3
制造	zhìzào	manufacture	3
作用	zuòyòng	effect	3
凹透镜	āotòujìng	concave lens	4
避雷针	bìléizhēn	lightning arrester	4
磁场	cíchǎng	magnetic field	4
磁力	cílì	magnetic force	4
磁铁	cítiě	magnet	4
大气层	dàqìcéng	atmosphere	4
电线	diànxiàn	wire	4
电压	diànyā	voltage	4
反射	fǎnshè	reflex	4
飞行员	fēixíngyuán	pilot	4
分子	fēnzǐ	molecule	4
浮力	fúlì	buoyancy	4
规律	guīlǜ	pattern, law	4
基因	jīyīn	gene	4
南极洲	Nánjízhōu	Antarctica	4
气体	qìtǐ	gas	4
试管	shìguǎn	test tube	4
天平	tiānpíng	balance, scale	4

透镜	tòujìng	lens	4
凸透镜	tūtòujìng	convex lens	4
宇宙	yǔzhòu	universe	4
真空	zhēnkōng	vacuum	4
重力	zhònglì	gravity	4
阻力	zǔlì	resistance	4
北极星	Běijíxīng	Polaris	5
北极熊	běijíxióng	polar bear	5
彩霞	cǎixiá	rosy cloud	5
电缆	diànlǎn	cable	5
电流	diànliú	electric current	5
发射	fāshè	launch, project	5
固体	gùtǐ	solid	5
行星	xíngxīng	planet	5
化学	huàxué	chemistry	5
科技	kējì	science and technology	5
漏斗	lòudǒu	funnel	5
年轮	niánlún	annual ring	5
升降机	shēngjiàngjī	elevator	5
水蒸气	shuǐzhēngqì	steam	5
太阳能	tàiyángnéng	solar energy	5
望远镜	wàngyuǎnjìng	telescope	5
卫星	wèixīng	satellite	5
物理	wùlǐ	physics	5
细菌	xìjūn	bacterium	5
显微镜	xiǎnwēijìng	microscope	5
星座	xīngzuò	constellation	5

遗传	yíchuán	inheritance	5
宇宙飞船	yǔzhòu fēichuán	spacecraft	5
元素	yuánsù	element	5
原子	yuánzǐ	atom	5
月食	yuèshí	lunar eclipse	5
炽热	chìrè	burning hot	6
改良	gǎiliáng	improve, reform	6
观测	guāncè	observe (and measure)	6
检验	jiǎnyàn	inspect	6
膨胀	péngzhàng	expand	6
探索	tànsuǒ	explore	6
提炼	tíliàn	refine	6

科学技术—科幻

参观	cānguān	visit	2
忽然	hūrán	suddenly	2
恐龙	kǒnglóng	dinosaur	2
突然	tūrán	all of a sudden	2
按钮	ànniǔ	button	3
飞船	fēichuán	spaceship	3
火箭	huǒjiàn	rocket	3
奇特	qítè	peculiar	3
神奇	shénqí	magical	3
实验室	shíyànshì	laboratory	3
外星人	wàixīngrén	alien	3
星球	xīngqiú	star, planet	3
自动	zìdòng	automatic	3
电子	diànzǐ	electron	4
飞碟	fēidié	flying saucer	4
怪兽	guàishòu	monster	4
记忆	jìyì	memory	4
控制	kòngzhì	control	4
密码	mìmǎ	password	4
免费	miǎnfèi	free of charge	4
设备	shèbèi	equipment	4
研究	yánjiū	research	4
智能	zhìnéng	intelligence	4
注射	zhùshè	inject	4
储存	chǔcún	store	5

访问	fǎngwèn	visit	5
信号	xìnhào	signal	5
移植	yízhí	transplant	5
智慧	zhìhuì	wisdom	5
提取	tíqǔ	extract	6
休眠	xiūmián	be in dormancy	6

华语词汇等级大纲

一级词汇

A

爱

B

八
巴士
把
爸
爸爸
吧
白
白天
百
班
半
宝宝
杯
杯子
北
北京
被
本
本子
比
笔
变
表
别
别人
病
不
不会
不能
不要

C

才
菜
草
厕所
茶
差
常
常常
唱
超市
车
车站
车子
吃
迟到
虫
出
穿
船
窗户
窗子
床
春
春天
词典
次
从
存
错

D

打
打的
打电话
大
大人
大山
大树
大小
大夫
带
但是
刀
到
的
灯
低
的士
地
地方
地铁
弟
弟弟
点
电
电灯
电话
电视
电视机
电影
东
东西
冬
冬天
动
都
读
短
对
对不起
多
多少

E

饿
儿
儿子
耳
耳朵
二

F

发
饭
饭店
房间
房子
放
放假
飞机
非常
分
分钟
风

G

干
干净
干吗
干什么
刚
刚才
刚刚
高
高兴
哥
哥哥
歌
个
各
给
更
公共汽车
刮风
关
广州
国
国家
过

H

还
孩子
海
汉语
好
号
喝
和
河
黑
很
红

后
花
花儿
华
画
话
坏
黄
回
回答
会
活
火
火车

J

机场
几
记
寄
加
家
间
件
教
角
脚
叫
教材
节
姐
姐姐
借
今年
今天
进
近
九
酒
酒店
旧
就
句
句子

K

咖啡
开
开花
开门
开学
看
看病
看见
颗
可
可能
可以
课
课本
空
口
哭
块
快
筷子

L

拉
啦
来
蓝
篮球
老
老师
了
累
冷
离
礼物
里
练习
两
留学生
六
楼
路
乱
绿

M

妈
妈妈
马
马上
吗
买
卖
慢
忙
毛
没
没有
每天
美
妹
妹妹
门
们
米
米饭
面包
面条
名
名字
明
明白
明年
明天
木
目

N

拿
哪
哪儿
哪里
那
那儿
那里
那么
奶
奶奶
男
南
难
呢
能
你
你好
你们
年
年级
鸟
您
您好
牛
女
女儿

O

哦

P

怕
旁边
朋友
便宜
票
破

Q

七
齐
起床
起来
气
汽车
千
铅笔
前
钱
轻
晴
请
请假
请问
秋
秋天
球
取
去
去年

R

让
热
人
认识

认真
日
肉

S

三
山
商店
上
上海
上课
上午
上学
少
谁
身体
什么
声音
十
石
时
时间
是
收
手
手表
手机
书
书包
叔叔
树
数
双
水
水果
说
死
四
送
算
岁

T

他
他们
它
它们
她
她们
台
太
太阳
汤
疼
踢
提
天
天气
田
甜
条
听
听见
同学
同意
痛
头
头发
图书馆
土
推

W

袜子
外
完
晚
晚上
万
忘
忘记
为
为了
为什么
位
喂
问
我
我们
屋子
五

X

西
洗脸
喜欢
戏
下
下车
下课
下午
下雪
下雨
夏
夏天
先生
咸
现在
箱子
想
像
小
小草
小花
小姐
小鸟
小朋友
校
笑
些
鞋
写
谢谢
心
新
信
星期
星期二
星期六
星期日
星期三
星期四
星期天
星期五
星期一
姓
学
学生
学习
学校
雪

Y

牙
眼睛
羊
要
爷
爷爷
也
页
一
一定
一个
一会
一会儿
一块
一起
一天
一些
衣
医生
医院
以后
以前
椅子
因为
应该
用
有
有的
有时
有些
又
右
鱼
雨
元
远
月
月亮
云

Z

再见
在

咱们
早
早晨
早上
怎么
怎么样
站
张
长
照片
照相机
这
这儿
这个
这里
这么
着
真
正在
支
只
纸
中
中国
中国话
中间
中文
中午
钟
种
重
周
住
桌子
自己
自行车
自己
字
走
足球
最
昨天
左
作业
坐
座
做
做菜
做饭

二级词汇

A

阿
阿姨
啊
哎
哎呀
唉
矮
爱好
爱护
安安静静
安静
安全
按

B

巴
拔
白白胖胖
白菜
白花花
白色
白云
拜拜
摆
班级
搬
板
办法
半年
半天
帮
帮忙
帮助
棒
傍晚
包
包子
饱
宝
宝贝
报
报纸
抱
北边
北风
北京大学
贝壳
背
倍
被子
奔
奔跑
本来
笨
蹦
鼻子
比较
比如
比赛
笔记
笔记本
币
必须
必需
闭
边
扁
变化
便
遍
表现
表演
表扬
宾馆
冰
并
并且
玻璃
剥
伯伯
脖子
不错
不但
不管
不过
不好意思
不禁
不仅
不久
不是
不同
不行
不要紧
不用
布
步

C

擦
采
彩虹
彩色
踩
菜单
参观
参加
餐馆
蚕
灿烂
藏
操场
草地
草莓
草坪
层
插
差不多
厂
场
唱歌
朝
朝鲜
吵
炒
车票
车上
成
成绩
成为
城
城市
乘
吃饭
池
池塘
尺
翅膀
冲
充电器
虫子
重新
出发
出国
出来
出门
出去
出现
出租车
出租汽车
初二
除了
厨房
处
传真
串
窗外
床上
吹
春风
春节
春游
刺
刺猬
聪明
从此
从来
从小
粗
醋
错误

D

答应
打车
打开
打球
打扫
大巴
大大
大大小小
大地
大海
大喊大叫
大家
大街
大楼
大门
大片
大雁
大雨
大约
大自然
呆
袋
袋子
戴
担心
但
蛋
蛋糕
当
当然
当时
当作
岛
倒
到处
到底
到来
道
道理
得
得到
得意
德国
灯光
登
登记
等
等待
等到
瞪
滴
底
底下
地面
地球
地上
地毯
地图
地下
地震
第
第二
第三
第一
点心
电冰箱
电风扇
电话卡
电力
电脑
电子邮件
店
钓
叮
盯
顶
订
丢
东边
东京
咚
懂
懂得
懂事
动画片
动物
动物园
动作
洞
豆
逗
读书
肚子
端
短小
断
堆
队
队伍
对方
蹲
顿
顿时
多么
朵
躲

E

鹅
儿童
儿童节
而
而且

F

发出
发烧
发生
发现
发芽
法国
翻
反对
方便
方向
房东
房租
放下
放学
飞
飞快
飞翔
菲律宾
分别
纷纷
粉
粉红
丰收
风景
风筝
封
缝
扶
幅
福建
父母
父亲
副

G

咖喱
该
改
盖
干杯
干干净净
赶
赶紧
赶快
敢
感谢
钢琴
高大
高高兴兴
搞
告诉
鸽子
歌唱
歌声
个子
根
跟
跟着
更加
工作
公公
公鸡
公交
公交车
公斤
公里
公园
狗
够
姑姑
姑娘
股
鼓
故事
刮
挂
挂号
拐弯
怪
关机
关上
关心
管
光
广场
龟
贵
滚
锅
国内
国旗
国外
国王
果树
果园
果子
过来
过年
过去

H

哈
哈哈
哈哈大笑
还是
还有
孩
孩儿
海边
海底
海上
海洋
害
害虫
害怕
韩国
寒假
寒冷
喊
汉堡包
汉字
汗
好多
好看
好朋友
好听
好像
呵
呵呵
合
河边
河内
荷花
盒
盒子
黑板
黑色
很多
红色
猴
猴子
后边
后悔
后来
后面
后天
候
呼吸
忽然
狐狸
胡萝卜
胡子
湖
蝴蝶
虎
互相
护照
花瓣
花草
花丛
花朵
花园
哗
划
华文学院
滑
画画
欢
欢乐
欢迎
换
黄瓜
黄色
灰
回到

回国
回家
回来
回去
会话
活泼
火车站
伙伴
或
或者
获得

J

机会
机灵
机票
机器人
鸡
鸡蛋
级
急
急忙
挤
记得
季节
既
暨南大学
加油
家具
家里
家庭
家乡
家长
夹
假如
假山
价
架
尖
柬埔寨
捡
剪
剪刀
简单
简直
见
见到
见过
见面
健康
渐渐
江
将
讲
奖
交
骄傲
饺子
脚步
脚下
觉
教师
教室
接
接着
街上
节目
节日
洁白
结
结果
结束
介绍
巾
斤
金
金边
金黄
金鱼
紧
紧张
尽
进步
进行
进来
进去
进入
京
经常
经过
井
景色
警察
镜子
久
救
救命
舅舅
局
菊花
举
举行
巨大
卷

K

卡
卡拉OK
开始
开水
开玩笑
开心
看到
看书
考
考试
烤
靠
棵
壳
可爱
可怜
可怕
可是
可惜
克
刻
客气
客人
课间
课室
课文
课桌
肯
肯定
坑
空气
空中
孔雀
恐龙
口水
苦
裤子
夸
快车
快快乐乐
快乐
快要
困难

L

垃圾
拉肚子
蜡烛
来到
蓝色
蓝天
篮子
狼
浪
劳动
老爸
老公
老虎
老妈
老奶奶
老朋友
老人
老鼠
老挝
老爷爷
老鹰
姥姥
乐
乐园
离开
梨
礼拜
礼拜天
李
里边
里面
理发

力气
历史
厉害
立刻
粒
俩
连
连忙
脸
脸上
练
凉
凉快
两边
两旁
亮
辆
了解
邻居
林
淋
铃
零
另
另外
留
留下
流
六一
龙
楼上
楼下
鹿
路边
路上
萝卜
落
绿色
绿油油

M

麻雀
马来西亚
马路
马尼拉
蚂蚁
骂
嘛
满
曼谷
猫
毛巾
冒
帽子
没关系
眉毛
每
每次
每个
美国
美丽
美元
门口
蒙古
猛
咪咪
迷人
蜜
蜜蜂
棉花
缅甸
面
面前
喵
秒
明亮
摸
蘑菇
母亲
母亲节
木头
目光

N

那个
那时候
那些
那样
耐心
男孩
男孩子
男生
南边
南方
南瓜
南面
难道
难过
难受
脑袋
闹
闹钟
内
内衣
嫩
能够
泥土
年纪
年龄
捏
牛奶
牛肉
农
农民
弄
努力
暖和
女孩
女孩子
女生

P

趴
啪
爬
爬山
拍
排
排球
盘
盘子
盼
旁
胖
跑
跑步
泡
陪
喷
喷泉
盆
捧
碰
批评
披
皮
皮包
皮球
啤酒
屁股
篇
片
飘
漂亮
漂漂亮亮
拼命
乒乓球
苹果
瓶
瓶子
扑
铺
葡萄

Q

其他
其中
奇怪
骑
起
气球
汽水
千万
前面
前天
浅
枪
强
墙
抢
悄悄
敲
桥
瞧

巧克力
翘
切
亲爱
琴
青
青菜
青蛙
轻轻
轻轻松松
轻松
清
清晨
清楚
清华大学
清清楚楚
蜻蜓
晴朗
请进
求
球场
区
取得
圈
全
全部
全国
全家
全年
全身

泉水
却
裙子
群

R

然后
绕
惹
热闹
热情
热热闹闹
热水
人们
人民币
人山人海
认为
扔
日本
日出
日记
日记本
日子
容易
如
如果
入

S

洒
撒
伞

散步
扫
扫地
色
森
森林
杀
沙
沙发
沙沙
沙滩
沙子
晒
山顶
山坡
山上
山羊
闪
闪闪
扇
扇子
伤
伤心
上班
上车
上次
上街
上来
上楼
上面

上去
上山
上上下下
上周
烧
舌头
蛇
舍不得
射
伸
身
身边
身上
身子
深
神
升
升高
生
生病
生词
生活
生气
生日
声
声调
绳子
胜利
失去
失望

诗
狮子
湿
十分
石头
时候
食
食堂
食物
使
使劲
市
市场
事
事情
试
试卷
是的
收到
手里
手指
首
首先
受
瘦
熟
暑假
树林
树苗
树木

数学
刷
刷牙
摔
甩
双手
水面
睡
睡觉
说话
丝
四周
松
松鼠
送到
送给
速度
宿舍
酸
虽然
随
笋
所
所以
所有

T

踏
抬
抬头
泰国

弹
探
糖
躺
逃
桃
桃子
淘气
套
特别
题
题目
体育
天空
天上
天真
田野
挑
调皮
跳
跳绳
跳舞
贴
铁
听到
听话
听说
听写
停
停车
停下
挺
通知
同
同时
同桌
童话
桶
偷
偷偷
头上
投
突然
图
图画
土豆
吐
兔
兔子
团
腿
拖
脱

W

挖
哇
娃娃
外边
外公
外面
外婆
弯
完成
玩
玩具
玩耍
顽皮
晚安
晚饭
晚会
碗
万象
王
王子
网
网球
往
望
危险
微笑
围
尾巴
卫生间
味
味道
文
闻
蚊子
问好
问路
问题
窝
蜗牛
握
乌
乌龟
乌黑
乌鸦
乌云
屋
无
五颜六色
午饭
舞
舞蹈
雾

X

西安
西瓜
西面
吸
希望
洗
洗手间
洗衣机
洗澡
喜爱
细
细心
虾
下边
下次
下来
下楼
下面
下去
下山
下周
吓
厦门
仙女
先
鲜花
鲜艳
显得
线
羡慕
相信
香
香蕉
响
想到
想起
向
向上
象
橡皮
小船
小姑娘
小孩
小孩子
小河
小鸡
小路
小男孩
小桥
小区
小声
小时
小时候
小树
小心
小学
小学生
小雨
校车
校门
校园
笑脸
笑容
鞋子
写字
谢
心里
辛苦
新加坡
新年
新鲜
信封
兴奋

星
星星
行
行李
形状
醒
熊
休息
需要
许多
选
学会
雪白
雪花
雪人
血
寻找

Y

压
鸭
鸭子
牙齿
牙膏
牙刷
芽
雅加达
呀
盐
颜色
眼
眼镜
眼泪
眼里
眼前
燕子
阳光
阳台
养
痒
样
样子
要求
腰
摇
咬
药
要是
叶
叶子
夜
夜晚
一……就……
一半
一边
一边……一边……
一代
一点
一共
一口气
一块儿
一路
一旁
一头
一下
一样
一直
衣服
衣裳
咦
姨
已
已经
以
以为
意思
阴
音乐
银行
印度
印度尼西亚
印尼
英国
英文
英语
樱桃
迎
迎春花
赢
影子
硬
勇敢
用力
优美
由
邮件
邮局
邮票
油
游
游玩
游戏
游泳
有空
有趣
有时候
有意思
右边
右手
幼儿园
于
于是
与
羽毛
羽毛球
雨点
雨伞
雨水
语文
玉米
园
原来
原因
圆
院子
愿
愿意
越南
运
运动
运动会
运动员

Z

再
在家
咱
脏
早饭
怎么办
怎样
扎
炸
摘
粘
长大
掌声
着急
找
找到
照
照相
折
这次
这时
这时候
这些
这样
针
珍珠
真正
阵
争
整
整个
整齐
正
正好
正确
之
之后
吱
枝
知
知道
知了
直
直到
植物

只好
只是
只要
只有
纸巾
指
指甲
中国人
终点
终于
种子

重要
周末
周围
猪
竹
竹子
主人
煮
注意
祝
抓

抓住
爪子
转
庄稼
装
撞
追
准
捉
桌
子

仔细
紫
自
自来水
字典
字母
总
走过
走进
走开
走路

租
组
祖国
钻
嘴
嘴巴
最好
最后
最近
左边
左手

左右
作
作文
作业本
坐下
座位
做到
做事

三级词汇

……得很
……极了
T恤
X光片

A

哎哟
挨
挨打
癌
爱心
安
安排
安全带
安慰

俺
岸
岸边
岸上
按钮
按照
暗
暗暗
奥运会

B

拔河
掰
白白
白开水

白茫茫
白人
白兔
白雪
百万
摆动
摆放
败
班会
班长
班主任
般
斑马线
办

办公室
半点
半决赛
半空
半山腰
半夜
伴
瓣
绑
榜样
棒球
包间
包饺子
包括

包围
包厢
薄
宝贵
宝剑
宝石
保安
保持
保护
报答
报到
报告
报警
报名

抱怨
爆发
爆炸
悲伤
北半球
北斗
北方
北极
背后
背书
背影
背着
本领
本人

蹦蹦跳跳
逼
鼻梁
比不上
比如说
笔画
笔直
必
毕竟
毕业
闭上
碧绿
边……边……
编
鞭炮
变成
变为
便利店
辫子
标本
标点
表弟
表哥
表姐
表妹
表面
表面上
表情
表示
憋
别的
别提
冰激凌
冰淇淋
冰山
冰箱
冰雪
兵
饼
饼干
病毒
病房
病历
病人
拨
波
波浪
波纹
菠菜
菠萝
伯父
伯母
博士
博物馆
补
补考
补课
补习
不得
不得了
不对
不服气
不够
不光
不仅仅
不客气
不愧
不理
不料
不能不
不起眼
不然
不如
不时
不太
不停
不幸
不许
不一
不一定
不一会
不用说
不再
不知不觉
不准
不足
步伐
部
部分

C

猜
材料
彩
彩电
菜刀
菜园
餐
餐具
餐厅
餐桌
惭愧
惨
苍蝇
曹操
草丛
草原
册
曾
曾经
插座
茶几
茶叶
查
查出
差点
差一点
馋
缠
产生
铲
颤抖
长城
长方形
长江
长龙
长跑
长途
尝
场地
抄
钞票
超
超过
嘲笑
潮州
吵架
车次
车辆
车轮
车门
车牌
车主
扯
沉
沉甸甸
沉默
沉睡
沉思
沉重
陈
晨
衬衫
衬衣
趁
称
称赞
撑
成功
成熟
成语
成员
成长
诚实
承认
城堡
城里
城区
城乡
乘车
乘法
乘凉
乘坐
橙色
橙汁
橙子
吃惊
吃力
迟
尺子

冲浪
冲向
充电
充满
充值
重复
宠物
抽
抽烟
愁
丑
臭
出汗
出口
出色
出生
出血
出院
初
初一
除
除法
除夕
处理
处处
触角
川流不息
穿上
传
传出

传来
传说
传真机
喘
窗
窗口
窗帘
窗台
闯
闯红灯
创造
吹牛
垂
垂头丧气
春夏秋冬
春雨
纯
纯洁
词
词语
慈祥
磁带
此
此刻
此时
匆匆
葱
从……到……
从……起

从今以后
从前
从天而降
从早到晚
从中
凑
粗糙
粗心
粗壮
窜
催
脆
翠
翠绿
村
村庄
村子
存折
寸
搓
错别字

D

搭
嗒
达
答
答案
答卷
打败
打扮

打表
打打闹闹
打断
打嗝
打架
打牌
打破
打扰
打算
打印机
打招呼
打针
大半
大便
大伯
大部分
大吃一惊
大虫
大胆
大道
大多数
大方
大风
大概
大哥
大会
大伙
大款
大理石
大量

大路
大妈
大米
大拇指
大脑
大炮
大赛
大声
大使馆
大事
大叔
大堂
大厅
大腿
大王
大象
大型
大熊猫
大学
大学生
大雪
大爷
大衣
大于
大战
代
代表
带来
带领
带有

待
单
单车
单词
单间
胆小
胆子
淡
淡水
蛋黄
挡
当成
当年
当日
当晚
荡
刀子
倒霉
倒下
到达
倒车
道路
道歉
稻谷
稻子
得分
得意洋洋
得知
的话
灯笼

灯泡
登机
登机口
登机牌
登山
蹬
等号
等于
凳
凳子
低价
低头
低下
低于
的确
敌人
地板
地点
地理
地名
地球仪
地区
地铁站
地下水
地址
递
点点滴滴
点击
点燃
点头

点钟
电报
电池
电动
电动车
电视台
电台
电梯
电网
电信
电影院
叼
雕刻
雕塑
雕像
吊
掉
叠
蝶
丁
叮咚
叮铃
顶部
定
丢脸
东半球
东方
东风
东南
冬瓜

冬季
动画
动静
动人
动手
动听
冻
栋
抖
斗
豆腐
豆沙
豆子
独
独自
读音
肚皮
度
度过
端端正正
段
锻炼
队员
队长
对待
对付
对话
对面
对手
对外

对于
吨
多半
多数
多样
多云
多种多样
多姿多彩
夺

E

鹅卵石
额头
恶
鳄鱼
儿科
而已
耳光
耳机
二手

F

发抖
发亮
发明
发明家
发起
发送
发言
发展
罚
法

法语
番
番茄
烦
烦恼
反
反而
反复
反过来
反应
反正
返回
犯
饭菜
饭馆
泛
方
方便面
方法
方式
芳香
房
房屋
仿佛
放大镜
放到
放过
放弃
放松
放心

放眼
飞奔
飞船
飞行
飞来飞去
飞往
飞舞
非
非洲
肥
肥皂
翡翠
沸腾
费
分开
分数
分为
分之
芬芳
粉笔
粉丝
份
奋斗
愤怒
丰富多彩
风光
风沙
风扇
风雪
风雨

枫叶
疯
疯狂
疯子
峰
锋利
蜂
佛
否则
夫
夫妻
夫人
服
服气
服务
服务员
服装
浮
福
抚摸
斧
父
父爱
父女
父子
付
付出
负责
妇
妇女

附近
复习
复印
复杂
富人
富有

G

改变
改为
改正
干脆
杆
赶到
赶忙
赶往
感
感到
感动
感激
感觉
感冒
感情
感人
感受
干部
刚好
钢
钢笔
钢铁
缸

港
港口
高尔夫
高级
高粱
高楼大厦
高山
高手
高铁
高于
搞好
告别
戈壁
咯
胳膊
割
歌词
歌迷
歌曲
歌舞
格外
隔
个人
各地
各个
各式各样
各位
各种
各种各样
各自

根本
跟前
跟上
工厂
工夫
工具
工人
公
公共场所
公路
公式
公司
公用电话
公主
功
功夫
功课
功能
攻击
宫
宫殿
共
共同
共有
贡献
供
勾
沟
钩
姑父

姑妈
古
古代
古老
谷
骨头
鼓励
鼓舞
鼓掌
故意
顾客
瓜
瓜子
呱
乖
乖乖
拐
怪不得
怪物
关掉
关门
关系
关于
观
观察
观看
观赏
观音
观众
馆

管子
冠
冠军
灌
罐
光彩
光滑
光芒
光明
光荣
光秃秃
光线
广
广播
广大
广告
广阔
逛
归
鬼
鬼脸
柜子
桂花
桂林
滚滚
国歌
国际
国庆
国庆节
果

果然
果肉
果实
果汁
裹
过后
过早

H

哈欠
海岸
海关
海浪
海里
海面
海内外
海水
海滩
海豚
害羞
含
含羞草
寒
汗水
汗珠
毫米
毫升
好处
好久
好人
好日子
好事
好似
好玩
好笑
好心
好友
好运
号码
好奇
禾
合适
何
和蔼可亲
河流
河马
河水
荷
荷叶
贺卡
贺年卡
喝彩
黑暗
黑白
黑板报
黑人
嗨
嘿
嘿嘿
痕迹
恨
恨不得
哼
横
轰
轰隆
红包
红宝石
红茶
红灯
红豆
红红火火
红酒
红领巾
红绿灯
红旗
红彤彤
洪水
喉咙
吼
后门
后年
厚
呼
忽
胡
胡同
葫芦
湖水
糊涂
户
护
护士
花白
花苞
花粉
花骨朵
花花草草
花盆
花瓶
花蕊
花生
花生米
花坛
花纹
哗啦
华丽
华人
华文
华语
滑板
滑梯
化
化石
画家
画卷
画面
话音
话语
怀抱
怀里
坏人
坏事
欢呼
欢快
欢笑
欢迎光临
环
环境
换成
换上
慌
慌慌张张
皇帝
黄澄澄
黄豆
黄河
黄昏
黄金
黄山
恍然大悟
灰尘
灰色
灰心
挥
挥舞
恢复
回荡
回头
回忆
毁
浑身
活蹦乱跳
活动
火把
火柴
火红
火箭
火炬
火辣辣
火冒三丈
火山
火星
火焰
火药
货

J

几乎
叽叽喳喳
机
机器
积
基
基本
基础
激动
激烈
及
及格
及时
吉隆坡

吉他
极
即
即使
急匆匆
集
集合
集体
集中
计
计划
计算机
记住
技术
既……也……
既……又……
既然
继续
加快
加入
加上
家电
家伙
家家户户
家人
家务
家务活
家园

家中
甲
假
假小子
假装
价格
价钱
驾驶
假期
坚定
坚强
坚硬
肩
肩膀
肩上
煎
检查
减少
简简单单
建
建立
建设
建议
建造
建筑
剑
健身
毽子
溅
键

箭
将来
讲话
讲价
讲课
讲述
讲台
奖励
奖学金
奖状
降
降落伞
酱油
交给
交流
交朋友
交通
郊区
浇
焦急
跤
角落
狡猾
脚印
叫好
叫作
较
教师节
教学
教学楼

教训
教育
阶梯
结实
接近
接力赛
接受
接听
接下来
街
街道
节假日
节约
结冰
结婚
结账
睫毛
姐妹
解
解决
解开
解释
戒
届
今
今后
今日
金灿灿
金牌
金钱

金色
金星
金子
津津有味
禁不住
仅
紧紧
尽管
进出口
进攻
进口
近年来
劲
茎
经
经不住
经济舱
惊
惊呆
惊奇
惊叹
惊喜
惊醒
惊讶
晶莹
精
精彩
精灵
精美
精心

景
景点
景物
景象
竟
竟然
敬爱
静
境内
境外
镜
九牛二虎之力
久久
救援
就是
就要
就坐
舅妈
居民
居然
居住
菊
橘子
举办
举起
举手
巨
巨人
具

据
据说
距离
聚
捐
捐款
卷心菜
卷子
决定
决心
觉得
绝
绝大多数
绝对
绝招
军
军队

K

咔
卡车
开车
开关
开会
开机
开口
开朗
开枪
砍
看不起
看成
看出
看得出
看得起
看好
看来
看起来
看热闹
看上去
看台
看望
看中
考官
考生
靠近
科学
科学家
咳嗽
可恶
可可
可口
可乐
可笑
渴
克服
刻苦
客车
客机
客厅
课堂
课外
课余
啃
空间
空调
孔子
恐怖
空地
口袋
口红
口气
口香糖
口语
口罩
扣
枯黄
枯萎
哭泣
哭笑不得
酷
夸奖
跨
快递
快速
宽
宽敞
宽阔
宽容
狂
狂风
矿泉水
昆虫
困

L

拉开
拉链
喇叭
辣
辣椒
来不及
来得及
来回
兰
兰花
栏杆
蓝宝石
懒
烂
狼吞虎咽
朗读
浪费
浪花
捞
劳驾
劳累
老板
老大
老大爷
老家
老老实实
老年
老年人
老婆
老婆婆
老是
老太婆
老太太
老头
老头子
姥爷
乐呵呵
乐趣
乐于
雷
雷电
雷锋
雷雨
泪
泪水
类
愣
厘米
离不开
离去
梨花
梨子
礼拜日
礼花
礼貌
李白
理
理想
理由
力
力量
立
立即
立马
利
利用
例如
荔枝
哩
连……都……
连……也……
连连
连声
连续
帘
莲花
联合国
联系
脸蛋
脸红
脸颊
脸色
恋恋不舍
良好
凉爽

凉鞋
粮食
两岸
亮晶晶
量
聊
了不起
料
咧
烈士
猎人
灵
灵活
灵敏
灵巧
零钱
零食
零下
领
领带
领导
另一方面
令
溜
刘
刘海
留学
留言条
流动
流泪
流水
流星
龙虾
笼
拢
楼房
楼梯
搂
漏
喽
录像
录音
录音机
路灯
路过
路口
露
露珠
轮
轮船
罗
骆驼
落地
落后
落下
落叶
旅
旅馆
旅行
旅游
缕
绿灯
绿豆
绿叶

M

抹布
麻烦
马车
马虎
马桶
蚂蚱
埋
买单
迈
馒头
满意
满足
漫步
慢车
慢慢
盲人
毛病
毛毛虫
毛茸茸
毛衣
毛泽东
茂密
茂盛
帽
么
没错
没什么
没事
没完没了
没想到
没意思
没用
玫瑰
枚
眉头
梅
梅花
煤气
每当
美好
美金
美景
美妙
美女
美容
美食
美术
美味
美滋滋
闷
蒙
蒙蒙
梦
梦见
梦乡
眯
迷
米粉
秘密
密
密密麻麻
绵绵
绵羊
棉袄
面包车
面部
面对面
面积
面具
面向
描写
庙
灭
民
敏捷
明明
明显
明月
明珠
鸣
命
命令
模糊
摩托车
磨
魔
魔法
魔方
魔鬼
魔术
抹
没收
茉莉花
陌生
墨水
默默
某
母
母爱
母鸡
母女
母子
牡丹
木板
木耳
木瓜
木马
木偶
木星
目不转睛
目的
目前
沐浴
幕

N

拿出
拿到
拿走
哪个
哪怕
哪些
那边
那时
奶茶
奶粉
奶牛
奶油
男朋友
男人
男士
男子
男子汉
南半球
南北
南京
难得
难点
难怪
难看
难题
难听
难忘
脑
脑海
脑子
内心
嫩绿
能否
能力
嗯
泥
年底
年前
年轻
年轻人
念
念头
娘
鸟语花香
宁静
拧
扭
农村
农夫
浓
怒气冲冲
暖
女朋友
女人
女子

O

噢

P

拍打
拍照
排队
牌
牌子
派
派出
盼望
胖乎乎
胖子
抛
跑道
炮
佩服
配
盆子
砰
朋友们
碰到
碰上
批
皮带
皮肤
疲劳
脾气
匹
片子
偏
偏偏
翩翩起舞
骗
骗人
漂
漂浮
漂流
飘荡
飘扬
票价
拼
拼音
品尝
平
平安
平常
平衡
平静
平米
平时
平信
凭
屏幕
坡
泼
婆婆
迫不及待
破坏
扑鼻
扑克
扑通
葡萄酒
蒲公英
普通
普通话
瀑布

Q

七彩
妻子
期间
期末
欺负
漆黑
其
其实
奇
奇特
骑车
棋
乞丐
企鹅
起到
起点
起飞
起劲
气愤
气呼呼
气势
气味
气温
千变万化
千克
千米
千千万万
千姿百态
牵
牵牛花
铅笔盒
签证
前边
前不久
前方
前进
前来
强大
强烈
强壮
墙壁
墙角
墙上
悄悄话
敲门
巧
茄子
且
亲
亲切
亲人
亲手
亲自
勤奋
勤劳
青草

青春
青年
青山绿水
轻手轻脚
倾盆大雨
清脆
清洁
清凉
清晰
情
情况
晴天
请求
庆祝
穷
秋风
秋游
球队
球门
球迷
球鞋
球星
球员
曲
曲子
取款
去掉
去世
趣事
全长

全场
全体
泉
拳
拳头
劝
缺
缺点
缺少
确实
裙

R

然
然而
燃烧
染
嚷
让座
热爱
热烈
人家
人间
人口
人类
人民
人群
人人
人数
人体
人物

人员
忍
认
认出
任
任何
任务
扔掉
仍
仍然
日月
绒毛
榕树
融化
柔软
揉
如果说
如何
如今
如同
入场
入门
入迷
软
软绵绵
软卧
若

S

塞
赛

赛场
赛跑
三国
三好学生
三角形
三明治
三三两两
散
嗓子
嫂子
色彩
沙包
沙漠
沙土
纱
啥
傻
傻乎乎
山峰
山脚
山路
山区
山水
闪电
善良
伤害
伤口
商场
商量
商品

赏
上场
上帝
上方
上火
上空
上期
上气不接下气
上台
上天
上网
上下
上衣
烧烤
稍
勺子
少数
少儿
少年
少女
少先队员
伸手
身材
身份证
身高
身后
身躯
身影
深深

深夜
什么样
神秘
神奇
神气
婶婶
甚至
升旗
生产
生机勃勃
生命
生命力
生怕
生物
生意
生长
声响
绳
省
省钱
胜
盛
盛开
剩
剩下
尸体
失败
师
师父
师傅

师生
诗句
湿润
十一
十足
石榴
时不时
时常
时而
时光
时刻
时时
实
实验
实验室
拾
食品
史
使得
使用
始终
士兵
世界
世界杯
市区
市长
视线
柿子
是否
收看

收听
收银台
手臂
手绢
手帕
手术
手套
手舞足蹈
手心
手掌
守
守护
守门员
首次
受伤
售
兽
书本
书店
书法
书房
书籍
书架
书信
书桌
梳
梳子
舒服
输
蔬菜

熟练
熟悉
属
属于
鼠
数一数二
束
树干
树下
竖
数量
数字
刷子
耍
摔倒
摔跤
帅
帅哥
双方
霜
爽
爽快
水草
水池
水滴
水花
水晶
水流
水龙头
水泥

水平
水汪汪
水星
水珠
睡梦
睡衣
睡着
顺利
顺着
瞬间
说不定
说到底
说道
说明
说起来
说实话
说真的
司机
丝瓜
丝毫
思
思考
思念
撕
死亡
四处
四季
四面
四面八方
四肢

寺
似
似乎
嗖
艘
苏
苏醒
诉说
塑料
酸奶
算了
虽
随便
随后
随时
随手
岁月
碎
孙
孙女
孙悟空
孙子
缩
所长
锁

T

他人
塔
台灯
台阶

台球
台上
台湾
太空
太太
泰山
摊
滩
谈
谈到
谈起
弹钢琴
潭
坦克
毯子
叹
汤圆
堂
糖果
烫
趟
掏
掏钱
逃跑
逃走
桃花
桃树
陶醉
讨论
讨厌

特
特大
特点
特快
特色
特意
疼爱
疼痛
藤
提出
提到
提高
提起
提前
提醒
体育馆
替
天边
天才
天地
天鹅
天桥
天然
天色
天使
天下
天线
添
甜美
甜蜜
填
舔
挑选
挑战
调
跳高
跳跃
铁路
厅
听讲
听课
亭
亭子
停车场
停电
停止
挺拔
通
通过
通红
通往
同伴
同胞
同情
同屋
同样
同一
同志
铜
童年
痛苦
偷看
头等舱
头晕
透
突出
图案
图片
图书
途中
涂
土地
土星
推开
退
退票
吞
托
陀螺

W

哇哇
歪
外表
外国
外国人
外卖
外星人
外衣
外语
弯曲
弯弯曲曲
完了
完全
玩笑
晚餐
晚点
晚霞
汪
汪汪
王国
王后
网络
网上
网页
网址
往常
往往
望见
微风
微微
为止
围巾
围棋
唯一
伟大
尾
委屈
卫生
未
未来
位于
位置
位子
温
温度
温度计
温和
温暖
文具
文具盒
文字
闻名
稳
喔
卧
卧铺
卧室
污染
污水
呜
无比
无法
无可奈何
无聊
无论
无数
无私
无意
无影无踪
无忧无虑
吴
五彩
五彩缤纷
五光十色
五星红旗
五一
午睡
武器
武术
捂
舞动
舞台
物
物品
误会

X

夕阳
西半球
西边
西部
西餐
西风
西红柿
西湖
西南
吸收
稀奇古怪
溪
溪水
嘻

膝盖
习惯
袭
洗手
喜
喜鹊
喜悦
系
细雨
霞
下班
下笔
下棋
下水
下头
夏日
仙
仙境
仙人掌
仙子
先进
先是
鲜
鲜红
鲜血
闲
弦
显
险
县城
现
现场
现代
现金
现实
馅
献
献血
乡村
乡下
相
相处
相反
相同
香肠
香港
香喷喷
香气
香甜
香烟
香皂
箱
镶
响亮
响起
响声
想不到
想法
想象
向前
向着
相片
项
象棋
削
消灭
消失
消息
小便
小不点
小丑
小伙伴
小伙子
小家伙
小考
小麦
小米
小巧玲珑
小人
小数
小数点
小说
小偷
小巷
小心翼翼
小雪
小燕子
小于
小镇
小子
小组
校区
校长
笑呵呵
笑话
笑眯眯
笑声
斜
写人
写作
心爱
心底
心动
心慌
心里话
心理
心情
心疼
心头
心血
心愿
心脏
心中
辛勤
辛辛苦苦
新闻
信任
信箱
信心
星球
行人
行为
行走
形
形成
兴高采烈
兴趣
兴致勃勃
幸福
幸好
幸运
姓名
凶
凶猛
兄弟
雄
熊猫
修
秀
需
许
许许多多
宣布
旋转
选手
学费
学好
学期
学院
雪球
雪山
血液
寻
迅速

Y

压力
压岁钱
亚
亚军
亚洲
烟
烟花
严格
严寒
严重
言
岩
岩石
炎热
沿着
眼光
眼花缭乱
眼眶
眼帘
眼球
眼神
演
演唱会
演出
演员

演奏
艳
宴会
扬
羊肉
杨
仰
仰光
仰望
氧气
痒痒
妖怪
邀请
摇摆
摇晃
摇摇摆摆
药片
药物
要不
要不然
要不是
钥匙
耶
也许
野
野花
叶片
夜空
夜里
夜幕
液体
一般
一部分
一大早
一等奖
一动不动
一方面
一回事
一家人
一刻
一连
一面
一年到头
一年一度
一切
一身
一生
一时
一手
一丝一毫
一同
一望无际
一下子
一眼
一一
一眨眼
一阵
一阵风
衣架
医
医务室
依
姨妈
移
移动
疑问
以及
以来
以内
以上
蚁
艺术
异口同声
意
意见
意外
因
因此
音
音符
音乐会
银
银行卡
引
引起
饮料
饮水
印
婴儿
樱花
鹦鹉
鹰
迎接
迎面
营养
赢得
影
影响
应
应有尽有
硬币
哟
拥抱
拥有
永
永远
勇气
涌
用不着
用处
用来
优
优点
优秀
幽默
尤其
由于
邮箱
邮政编码
邮政局
犹豫
油菜花
游客
游乐场
游乐园
游人
游泳池
友好
友情
友谊
有的是
有点
有毒
有关
有力
有名
有气无力
有用
有着
幼儿
余
愚人节
与众不同
雨滴
雨衣
语
语法
语言
语音
玉
玉兰
浴室
欲
遇
遇到
遇见
遇上
元旦
园丁
员
原
原本
原谅
圆形
圆珠笔
远处
远方
远远
院
院长
愿望
约
月饼
月底
月光
月季
月球
月牙
乐曲
阅读

阅览室
悦耳
越
越……越……
越来越……
晕
云朵
云雾
允许
运动场

Z

砸
灾难
栽
仔
载
再不
再次
再说
在于
暂时
赞美
糟糕
早餐
早点
早日
早已
枣
澡

造
造句
则
怎
增大
增加
增长
眨
眨眼
炸弹
沾
盏
展
展翅
展开
崭新
占
战
战斗
战胜
战士
战争
站台
站住
绽放
张开
张望
涨
掌
掌握

丈
丈夫
仗
账
招
招呼
招手
爪
找出
照射
照耀
遮
者
这边
珍贵
真假
真实
枕头
震
镇
争吵
争先恐后
睁
整洁
整理
整天
整整
正常
正方形
正式

正是
正午
挣
症状
之间
之内
之前
之外
之一
支持
汁
枝条
枝叶
知识
织
直接
直升机
值
值得
值日
植物园
止
只不过
只得
只见
只能
纸条
指出
指南针
至

至今
制造
制作
治
治病
治疗
中部
中餐
中等
中华
中级
中期
中秋
中秋节
中小学
中心
中学
中学生
中央
钟头
中毒
中奖
重点
重量
舟
周到
皱
皱纹
朱
珠

株
主
主要
主意
助
住院
注视
柱
柱子
祝福
著名
抓紧
专门
专心
砖
转动
转告
转身
转眼间
转来转去
壮
壮观
壮丽
幢
准备
准确
茁壮
啄
啄木鸟
姿势

滋味
子弹
子女
仔仔细细
籽
自从
自动
自费
自豪
自觉
自然
自杀
自我
自习
自言自语
自由
总是
总算
总之
走道
走动
走近
走来走去
走廊
走向
足
祖父
祖母
钻石
嘴唇
最初
最终
醉
尊
尊敬
作为
作用
作战
做客
做梦
做人

四级词汇

……的话
……之间

A

阿婆
哀
哀求
挨家挨户
挨着
唉声叹气
皑皑
癌症
矮小
艾
艾滋病
爱不释手
爱迪生
爱国
爱理不理
爱情
爱人
爱惜
安检
安眠药
安心
安装
按键
按理说
按摩
按时
按说
案子
暗地里
暗中
肮脏
昂
昂首
凹
凹透镜
凹凸不平
熬
傲
奥
奥秘
奥运

B

八卦
巴不得
巴掌
扒
叭
芭蕾
芭蕾舞
疤
拔地而起
拔苗助长
罢
罢了
霸王
白费
白领
白马王子
白糖
白衣天使
百分比
百分点
百合
百花齐放
百货
百科全书
百折不挠
摆脱
败下阵来
拜
拜见
拜年
拜托
颁奖
斑点
斑马
搬家
板凳
板块
办公
半边天
半岛
半路
半数
半途而废
半信半疑
伴随
拌
帮手
榜
包裹
包裹单
包含
包扎
包装
饱满
宝藏
保
保存
保龄球
保留
保姆
保暖
保险柜
保证

保质期
报复
报刊
抱歉
豹
暴
暴风雨
暴雨
爆
背包
悲
悲哀
悲惨
悲剧
悲痛
北部
北美洲
北面
贝
贝多芬
备
备受
背景
背面
背诵
背心
被捕
被迫
被窝
辈子
呗
奔驰
本分
本身
本事
本意
笨蛋
绷
甭
逼近
逼真
鼻
鼻孔
比方
比分
比基尼
比例
比起
比试
比喻
彼此
笔试
笔筒
笔下
必不可少
必要
毕业生
闭卷
碧
碧波
碧玉
壁
壁虎
壁画
避
避雷针
避免
臂
边缘
边远
编码
编织
蝙蝠
变化多端
便捷
便条
遍地
标语
标准间
表达
表格
别看
别墅
别说
冰川
冰棍
冰冷
冰凉
冰球
冰鞋
丙
并非
并列
病床
病菌
病魔
病情
拨打
拨通
波涛
播
播出
播放
播种
伯
博
搏斗
补充
补习班
捕
捕捉
不安
不必
不曾
不耻下问
不大不小
不得不
不得而知
不得已
不服
不甘落后
不敢当
不顾
不管三七二十一
不慌不忙
不解
不经意
不觉
不可
不肯
不了了之
不论
不满
不免
不妙
不慎
不适
不速之客
不为人知
不亚于
不已
不翼而飞
不由自主
不约而同
不在乎
不折不扣
不止
布丁
布满
布置
步兵
步行
步入
步子
部队
部门
部位

C

才能
财富
财物
裁判员
采取
采用
彩带
彩票
菜谱
菜市场
菜油
参赛
参天
残
残疾
残疾人
惨不忍睹
惨重
苍白
苍翠
苍老

舱
操
操心
操作
曹
侧
测
测试
测验
蹭
叉
叉子
插图
茶具
查找
察看
刹那
刹那间
差生
拆
柴
柴火
缠绕
蝉
产
产量
产品
铲子
颤
颤动

长短
长河
长颈鹿
长久
长期
长期以来
长寿
肠胃
尝试
常用
厂家
厂长
场面
场所
敞开
唱片
抄写
绰号
超车
超人
超速
超越
超重
巢
朝着
潮
潮湿
吵闹
炒股
炒面

车道
车夫
车祸
车速
车位
车厢
车型
尘
尘土
沉默不语
沉着
趁机
趁早
趁着
称号
称呼
称为
成败
成都
成分
成立
成年
成年人
成千上万
成群
成群结队
成天
城楼
乘机
乘客

程
惩罚
橙
吃不上
吃喝玩乐
迟迟
迟早
持
尺寸
耻辱
冲动
冲凉
冲刷
冲天
冲洗
充分
重播
重叠
宠
抽出
抽奖
抽屉
仇人
愁眉苦脸
丑陋
丑小鸭
出差
出丑
出风头
出行

出乎意料
出嫁
出口成章
出毛病
出名
出气
出人意料
出声
出示
出事
出手
出台
出土
出游
出于
出众
出自
出走
出租
初步
初次
初级
初中
初中生
除了……以外
除去
除外
厨师
处于

处在
触
揣
川
穿过
穿梭
穿越
穿着
传奇
传染
传染病
传送带
传统
船舶
船长
船只
喘气
床单
床位
创伤
创
垂柳
垂直
锤
锤子
春光
春光明媚
春季
春秋
春色

纯净
纯净水
蠢
词汇
瓷器
辞典
辞去
慈爱
磁场
磁力
磁铁
此后
此前
此外
此致
次要
刺耳
刺骨
刺眼
赐
赐予
匆匆忙忙
匆忙
聪明才智
从不
从而
从容
丛
丛林
粗心大意
村民
存在
错过
错字

D

达标
达到
打包
打倒
打动
打工
打哈欠
打火机
打击
打瞌睡
打捞
打雷
打量
打闹
打气
打拳
打听
打通
打印
打仗
打折
打转
打字
大饱口福
大饱眼福
大不了
大臣
大错特错
大队
大多
大发雷霆
大幅度
大功告成
大规模
大汗淋漓
大好
大红
大家庭
大街小巷
大姐
大惊小怪
大军
大力
大陆
大名鼎鼎
大模大样
大娘
大气
大气层
大气污染
大扫除
大嫂
大厦
大师
大显身手
大洋洲
大摇大摆
大姨
逮
代表团
代价
代码
代替
带队
带路
带头
丹
担
担任
担忧
单程
单纯
单方面
单行道
单身
单位
单一
单元
单子
耽误
胆
胆量
胆小鬼
胆战心惊
蛋白质
当初
当地
当即
当今
当下
当心
当着
当天
当真
刀刃
导游
捣蛋
倒塌
到头来
到位
倒计时
倒是
倒数
倒影
道具
稻
稻草
稻田
得病
得出
得了
得益于
得意忘形
德
灯红酒绿
灯火
灯火通明
灯谜
等候
等级
邓
低级
低迷
低温
堤
滴滴答答
敌
笛
笛子
嘀咕
地步
地带
地位
地下室
地狱
弟兄
弟子
帝国
递给
典故
典礼
点滴
点火
点名
点子

踮
电磁炉
电饭锅
电话亭
电路
电视剧
电线
电压
电源
电子
电子琴
殿
凋谢
雕
吊兰
钓鱼
调查
掉头
爹
跌
跌跌撞撞
叮当
顶点
顶端
顶多
顶峰
顶级
顶尖
钉
钉子

订单
定金
定睛
定位
丢掉
丢人
丢失
东北
东部
东倒西歪
东面
东张西望
冬眠
动不动
动车
动词
动弹
动力
动身
兜
抖动
陡
斗争
豆浆
豆角
豆芽
逗号
都市
嘟
毒

独立
独一无二
读后感
读者
堵
堵车
杜甫
肚
度假
渡
渡过
短片
短期
短信
短暂
队友
对岸
对比
对得起
对讲机
对联
对象
对准
兑
炖
多亏
多媒体
多心
夺冠
夺眶而出

夺目
躲避

E

婀娜多姿
俄语
鹅毛
额
恶心
呃
恶狠狠
恶梦
恶魔
恶意
恶作剧
恩
儿女
儿时
尔
耳目一新
二胡
二话不说
二话没说

F

发表
发病
发布会
发财
发达
发呆
发电机

发动
发光
发话
发挥
发火
发觉
发令
发脾气
发球
发热
发誓
发泄
发炎
发扬
发音
阀门
法官
法律
发型
帆
番薯
翻滚
翻来覆去
翻身
翻天覆地
凡
凡是
繁忙
繁荣
繁星

反驳
反反复复
反方
反抗
反面
反射
反义词
返
犯规
犯人
犯罪
饭盒
饭来张口
饭碗
饭桌
范围
范文
方队
方面
方向盘
方圆
芳
防
防盗门
防止
房产
房价
仿
放声
放手

飞驰
飞碟
飞行员
飞逝
飞速
飞扬
飞越
非得
肥胖
肺
废
废话
废品
废气
废物
分号
分离
分明
分母
分清
分手
分析
分子
分组
纷飞
粉末
粉色
粉身碎骨
分外
奋不顾身
奋力
丰富
丰盛
风暴
风波
风车
风风火火
风风雨雨
风格
风和日丽
风景如画
风力
风铃
风水
风向
风衣
风雨交加
风雨无阻
枫
封号
锋
逢
讽刺
凤
奉献
夫妇
伏
服输
服务台
浮力
抚
斧头
斧子
辅导
付费
负
负担
复
复印机
复制
富
富豪
富丽堂皇
富翁
富裕
腹部
覆盖

G

嘎
该死
改日
改善
盖子
概率
甘露
甘甜
甘心
肝
肝脏
敢于
感激不尽
感慨万千
感染
感叹号
感想
橄榄球
干活
钢材
岗位
港币
港湾
杠铃
高层
高超
高低
高度
高额
高尔夫球
高二
高峰
高价
高考
高科技
高空
高明
高三
高山流水
高尚
高烧
高耸入云
高速公路
高温
高血压
高一
高中
高中生
糕点
告
告辞
告示
咯咯
咯吱
哥们
胳臂
歌手
歌星
歌谣
阁
格
格式
隔壁
隔开
个别
个性
各就各位
根据
跟头
更改
更换
更衣室
更正
更上一层楼
工
工程
工程师
工地
工具书
工钱
工业
工艺品
工整
工资
工作人员
工作日
弓
公安
公安局
公布
公车
公共
公立
公墓
公平
公元
功臣
功底
功夫片
功劳
攻
躬

共和国
共计
共同体
狗熊
构成
购买
估计
咕噜
孤单
孤独
孤儿
姑
古怪
古迹
古人
古色古香
古诗
古筝
骨
骨折
固定
固执
故
故乡
顾
顾不上
挂号信
挂历
拐杖
怪兽

关爱
关键
关节
关注
观点
观光
官
官兵
管家
管理
管用
惯
光彩夺目
光碟
光亮
光临
光阴似箭
光泽
归还
归来
规定
规律
规模
轨道
柜
贵姓
跪
滚动
棍
棍子

郭
锅子
国宝
国画
国籍
国学
果酱
果真
过半
过不去
过程
过道
过度
过分
过关
过节
过山车
过剩
过时
过于

H

孩童
海报
海岛
海盗
海风
海军
海量
海马
海绵

海南
海鸥
海狮
海外
海湾
海王星
海鲜
海星
海藻
害处
含苞待放
含苞欲放
含义
含有
韩
寒冬
汉
汗流浃背
旱冰
行列
杭州
航班
毫不留情
毫不畏惧
毫不犹豫
毫无
毫无疑问
豪
豪华
好比

好不
好不容易
好歹
好汉
好坏
好家伙
好受
好说
好心人
好样的
好意
好在
好奇心
好学
呵护
禾苗
合唱
合格
合理
合作
何必
何处
何苦
何时
和好
河畔
盒饭
贺
鹤
黑乎乎

黑客
黑马
黑漆漆
黑手
黑心
黑压压
黑夜
痕
狠
横冲直撞
横幅
横向
轰隆隆
哄堂大笑
烘干
红火
红军
红通通
红艳艳
红叶
宏伟
虹
洪亮
哄
后备
后备箱
后代
后盾
后果
后悔莫及

后人
后退
后续
后遗症
后院
后者
厚道
乎
呼喊
呼唤
忽略
忽视
狐
狐假虎威
弧线
胡椒
胡说八道
胡思乱想
胡须
湖泊
蝴蝶结
糊
糊里糊涂
互
互不相让
户外
花蕾
划算
华侨
华裔

滑冰
滑稽
滑雪
画笔
画册
画展
话费
话说
话题
话筒
怀
怀念
怀疑
坏蛋
欢歌笑语
欢呼雀跃
欢天喜地
欢喜
环球
缓
缓慢
幻
幻想
换位
唤
唤醒
患
患病
患有
焕然一新

慌忙
慌张
皇
皇后
谎话
谎言
晃
晃动
灰溜溜
灰蒙蒙
灰心丧气
挥动
挥汗如雨
挥手
回报
回归
回合
回老家
回首
回乡
回响
悔恨
毁灭
汇
汇款
汇款单
会场
会客
会议
会员

会员卡
绘画
彗星
昏
昏暗
昏昏沉沉
昏昏欲睡
婚姻
浑身上下
混
混乱
魂
活力
活灵活现
活跃
火锅
火花
火鸡
火力
火炉
火苗
火热
火烧
火速
火腿
火眼金睛
火灾
或多或少
或许
货比三家

货币
货车
货真价实
获
获奖
祸

J

几率
讥笑
击
饥饿
机动车
机智
肌肉
基本上
基因
基于
畸形
激动人心
激发
激光
吉
吉利
吉祥
极为
即将
急救
急诊
急中生智
急转弯

疾病
嫉妒
己
挤压
给予
计程车
计时
计算
计算器
记号
记人
记忆
纪律
纪念
技巧
季
季军
继父
继母
寄存
寄件人
加法
加强
加速
加油站
佳
佳节
佳肴
家常便饭
家门

夹克
夹杂
夹子
价廉物美
价位
驾
驾车
架子
嫁
奸诈
坚持
坚固
坚果
坚决
坚信
艰巨
艰苦
艰难
拣
检阅
减
减法
减肥
减轻
减速
剪纸
简
简介
建成
建筑物

健壮
渐
键盘
江南
将近
将军
将要
讲究
讲理
奖杯
奖金
奖牌
奖品
奖项
桨
降落
降温
交费
交换
交警
交情
交谈
交往
交响乐
交响曲
交织
郊外
娇
娇嫩
骄傲自满

焦
角度
脚尖
搅
搅拌
缴费
叫喊
叫卖
轿车
较劲
教会
教科书
教练
教授
皆
结结巴巴
接触
接到
接二连三
接力
接送
接通
街市
街头
节俭
节气
节省
节水
节奏
杰

洁
洁净
结合
结晶
结局
截
解除
解放军
戒指
界
借口
借条
金碧辉煌
金额
金黄色
金秋
筋疲力尽
仅次于
仅仅
紧急
紧接着
紧缺
锦旗
尽可能
尽快
尽量
尽早
尽力
尽情
尽头

尽职尽责
进场
进行曲
进取
进一步
近年
近日
近视
浸
禁
京剧
经不起
经得起
经验
惊动
惊恐
惊人
惊天动地
惊险
晶莹剔透
精华
精力
精明
精神
精神病
精神抖擞
精致
鲸
颈部
景观

景区
警车
警告
警官
警句
警惕
净
净化
竞赛
竞争
敬
敬酒
敬佩
敬意
静悄悄
镜头
炯炯有神
纠正
究竟
揪
啾
九霄云外
酒吧
酒鬼
酒楼
酒窝
救护车
救生衣
救灾
就此

就是说
就算
就座
舅
居
居民楼
沮丧
举动
举手之劳
巨额
巨星
巨型
句号
拒绝
具体
具有
剧烈
据此
聚会
聚集
聚精会神
涓涓细流
卷入
决
决赛
角色
绝望
倔
军官
均

均匀
君
君王
俊
骏马

K

卡片
卡通
开场白
开除
开刀
开动
开发
开放
开怀大笑
开阔
开幕
开启
开通
开头
开心果
开演
开业
开展
看管
砍伐
砍价
看法
看样子
看重

看作
康
康复
康乃馨
扛
抗
抗生素
考场
考古
考卷
考虑
考题
烤肉
烤鸭
科
科幻
磕
蝌蚪
咳
可贵
可见
可敬
可怜巴巴
可想而知
可信
可疑
渴望
客
客房
课程

课代表
恳求
坑坑洼洼
空军
空空如也
空无一人
孔
恐惧
恐怕
空白
控制
口碑
口感
口干舌燥
口号
口令
口哨
口味
口子
枯
苦口婆心
苦力
苦难
苦恼
裤
夸张
跨国
快餐
快活
快件

快捷
筷
宽度
宽广
宽松
筐
狂风暴雨
狂欢节
狂热
况且
矿
矿山
矿石
亏
愧疚
捆
扩
扩大
括号

L

垃圾桶
垃圾箱
啦啦队
腊梅
来得
来电
来来回回
来来往往
来历
来临

来往
来信
来源于
来之不易
来自
赖
拦
栏
篮
缆车
懒惰
懒洋洋
狼狈
朗诵
浪漫
唠叨
牢
牢记
牢牢
老百姓
老板娘
老伴
老大妈
老大娘
老汉
老人家
老实
老天爷
老外
老乡

老远
老字号
乐得
乐观
乐意
雷达
雷鸣
泪花
泪珠
类似
冷冰冰
冷汗
冷静
冷酷
冷冷清清
冷漠
冷气
冷笑
冷饮
离别
离婚
离奇
黎明
礼
礼服
礼节
礼品
礼堂
李子
里头

理睬
理会
理解
理所当然
鲤鱼
力度
力所能及
历程
历届
历经
历年
立方
立方米
立交桥
立体
例外
例子
连环画
连接
连绵不断
连锁
连锁店
连夜
连衣裙
怜
帘子
莲
莲子
联想
镰刀

脸庞
炼
恋
恋爱
链接
良
良心
良性
凉拌
凉亭
凉意
梁
两口子
亮光
亮丽
聊天
了结
料到
料理
列
列车
列车员
列举
列入
列为
劣质
烈火
烈日
裂
拎

林子
临
临近
临时
琳
琳琅满目
灵机一动
灵通
铃铛
铃声
凌
零花钱
岭
领队
领取
领先
溜冰
溜冰鞋
浏览
浏览器
留恋
留神
留心
留言
流感
流行
流浪
流利
流入
流失

流淌
流血
柳
柳树
柳条
龙头
龙王
龙舟
聋子
笼子
隆重
笼罩
楼道
漏洞
芦苇
炉
陆
陆地
陆军
陆续
录取
路程
路面
露水
露天
乱七八糟
乱糟糟
轮子
论
啰嗦

罗汉
裸
落差
落花流水
落日
落汤鸡
驴
旅行社
旅途
铝
绿茶
绿化
绿茵茵
绿洲
略

M

麻
麻花
麻将
麻木
马不停蹄
马达
马后炮
马克
马力
马马虎虎
马戏
码
码头
埋单

埋伏
埋头
买卖
迈进
麦
麦克风
卖弄
埋怨
蛮
瞒
满分
满山遍野
满心欢喜
满月
蔓延
漫
漫画
漫漫
漫天
漫无目的
漫长
慢慢来
慢吞吞
芒果
忙碌
毛笔
矛盾
矛头
茅
茅盾
茅台
冒充
冒牌
冒险
没劲
没门
眉
眉飞色舞
媒体
煤
煤炭
每逢
每每
每时每刻
美不胜收
美德
美发
美观
美满
美梦
美人
美人鱼
魅力
闷热
门铃
门票
门诊
闷闷不乐
猛烈
猛然
孟
梦境
梦想
迷宫
迷惑
迷恋
迷路
迷迷糊糊
迷失
谜
谜底
谜团
谜语
米粒
密布
密封
密集
密码
蜜月
棉被
棉衣
免
免不了
免得
免费
勉强
腼腆
面对
面粉
面孔
面临
面貌
面容
面无表情
面子
苗
苗头
描绘
瞄
瞄准
渺小
妙
灭绝
民办
民工
民间
民警
名不虚传
名次
名单
名副其实
名家
名牌
名气
名人
名胜
名言
名著
明灯
明媚
明日
明信片
明星
鸣叫
冥思苦想
模
模仿
模模糊糊
模特
模型
模样
摩尔
摩拳擦掌
摩托
磨练
末
茉莉
陌生人
莫
莫过于
莫名其妙
墨
默默无闻
默写
某些
母校
亩
木船
目标
目瞪口呆
目的地
目录
牧场
牧民
墓

N

拿手
乃
乃至
耐
耐性
耐用
男女
男性
南部
南极洲
南美洲
难处
难度
难关
难免
难说
挠
恼火
脑筋
闹笑话
闹新房
闹着玩
内存
内地

内疚
内科
内容
内向
能说会道
能源
泥巴
泥泞
泥鳅
泥石流
泥潭
拟人
你追我赶
年代
年度
年糕
年画
年夜饭
尿
蹑手蹑脚
宁
凝固
凝视
宁愿
牛排
扭头
纽带
纽扣
农场
农户

农家
农具
农历
农药
浓厚
奴隶
怒
怒放
怒吼
怒火
暖流
暖气
暖洋洋
挪
诺贝尔
女士
女性

O

欧阳
欧洲
呕吐
偶
偶尔
偶然
偶像

P

爬行
拍板
拍摄
拍手

拍戏
排比
排除
排骨
排行榜
排练
排列
排山倒海
派出所
攀
攀登
判断
畔
庞大
庞然大物
旁观
螃蟹
抛开
抛弃
咆哮
跑车
泡菜
泡沫
胚胎
培训班
赔
赔钱
配合
嘭
捧腹大笑

碰巧
批改
批准
劈
皮毛
皮鞋
疲倦
琵琶
脾
屁
偏远
片刻
片面
飘动
飘落
飘飘然
瞟
拼搏
拼凑
拼写
贫富
贫困
贫穷
品
品牌
品味
品种
乒乓
平淡
平等

平方
平方米
平房
平价
平均
平平安安
平平淡淡
平日
平台
平坦
平易近人
评
评委
凭着
颇
婆
婆婆妈妈
破旧
破烂
破碎
破土而出
朴素
普
普普通通

Q

七上八下
七嘴八舌
期
期待
期中

欺骗
齐声
齐刷刷
齐心协力
其余
奇观
奇妙
奇异
祈祷
棋子
旗
旗子
企业
启动
启发
起步
起初
起伏
起码
起跑线
起身
起舞
起早贪黑
气氛
气功
气管
气候
气急败坏
气流
气泡

气势汹汹
气体
气息
汽
汽油
砌
器
掐
恰好
千方百计
千家万户
千军万马
千奇百怪
千山万水
千言万语
牵动
牵手
铅
谦虚
签
签名
前后
前年
前台
前途
前往
前者
钱包
潜在
欠
欠条
腔
强劲
强硬
抢救
抢眼
呛
敲打
桥梁
憔悴
瞧不起
巧合
巧妙
俏
切除
切断
切割
亲近
亲密
亲朋好友
亲戚
亲情
亲身
亲属
亲吻
亲眼
秦
勤
勤快
寝室
青年人
青涩
青少年
轻飘飘
轻柔
轻声
轻易
倾
倾斜
清澈
清除
清淡
清风
清洁工
清明
清明节
清泉
清洗
清香
清醒
清早
情感
情节
情景
情形
情绪
情谊
情愿
晴空
晴空万里
请教
请客
庆
庆幸
穷人
秋高气爽
秋季
秋千
秋色
蚯蚓
囚犯
求医
球拍
球赛
区别
屈
屈原
取款机
取胜
取消
取笑
去除
去处
趣
权
权利
全力
全面
全能
全球
全新
犬
劝说
缺乏
确定
确认
确诊
群山

R

燃
冉冉
嚷嚷
饶
热点
热乎乎
热泪
热泪盈眶
热闹非凡
热气
热气球
热气腾腾
热水器
热线
热心
热血
人才
人次
人工
人来人往
人流
人品
人气
人参
人生
人士
人手
人为
人选
人造
忍不住
忍受
忍无可忍
忍心
认错
认得
认输
仍旧
日常
日复一日
日历
日期
日前
日全食
日夜
日用品
日语
日元
荣
荣华富贵
荣誉

绒
容
融
融入
柔
柔道
肉松
如此
如何是好
如饥似渴
乳汁
入口
入睡
入选
入学
软件
润
若是
若有若无
弱
弱不禁风
弱点
弱小

S

撒谎
撒娇
洒落
塞车
赛车
三步并作
两步
三轮车
三维
三下五除二
散发
桑
丧失
扫描
扫兴
扫把
扫帚
涩
杀害
杀手
沙尘
沙拉
沙龙
刹车
傻瓜
煞
山村
山冈
山沟
山谷
山林
山岭
山脉
山清水秀
山珍海味
珊瑚
闪光
闪烁
善
善于
伤痕
伤痛
伤亡
商城
商人
上边
上当
上岗
上钩
上级
上交
上路
上升
上市
上司
上旬
上演
稍后
稍稍
稍微
勺
少不了
少见
少量
少林寺
哨子
舍
舍得
舍己为人
设
设备
社区
射击
摄氏
摄像机
摄影师
伸手不见
五指
身份
深处
深厚
深秋
深入
深圳
神采飞扬
神采奕奕
神话
神经
神情
神态
神仙
甚
升级
升温
生动
生活费
生龙活虎
生命线
生态
生字
声旁
省得
省事
省长
圣
圣诞
圣诞节
圣诞老人
胜负
盛大
剩余
尸
失
失落
失眠
失误
失踪
诗歌
诗人
狮
施
施肥
湿漉漉
十字路口
石板
时断时续
时分
时好时坏
时间表
时期
时尚
时时刻刻
时针
识
实话
实话实说
实际
实际上
实力
实现
实用
实在
食指
使唤
始
驶
屎
士
士气
氏
示范
示意
世
世上
市民
式

似的
势
事故
事后
事件
事例
事实
事实上
事物
事先
试管
试题
试图
试验
试衣间
视
视力
视频
适当
适度
适合
适量
适时
室
收藏
收费
收获
收集
收留
收入

收音机
手电筒
手动
手工
手脚
手巾
手忙脚乱
手枪
手势
手术室
手续
手续费
手指头
首都
寿司
受不了
受到
受过
受害
受骗
受灾
售货
售货员
售票
售票员
瘦弱
瘦小
书柜
书写
叔

舒舒服服
输入
输血
熟人
熟睡
鼠标
数不胜数
术
树梢
树叶
树枝
帅气
率先
双重
双向
双休日
水产品
水电
水分
水管
水壶
水库
水温
水仙花
水泄不通
水源
水灾
税
睡袋
睡眠

睡眼
顺
顺便
顺路
顺手
顺序
说法
说理
说明书
说明文
说说笑笑
私房钱
私家车
私人
私事
私下
思路
斯
死党
死气沉沉
死神
四方
四合院
四脚朝天
饲养
松软
松树
宋
送礼
苏州

素
素食
酸甜苦辣
蒜头
算得上
算盘
算术
虽说
随处可见
随地
随即
随随便便
随意
随着
随之而来
岁数
隧道
损失
所剩无几
所在

T

塌
踏踏实实
踏上
胎儿
台风
太极
太极拳
太平洋
态度

泰
贪
贪婪
贪玩
摊主
谈不上
谈话
谈论
弹奏
忐忑不安
毯
叹气
叹息
探险
唐
唐朝
唐人街
塘
螳螂
淌
涛
滔滔不绝
逃课
逃之夭夭
淘
淘汰
讨
讨人喜欢
特此
特地

特价
特殊
特有
腾
腾空
提供
提示音
提心吊胆
啼
体
体操
体会
体积
体检
体力
体温
体现
体验
体育场
体重
天安门
天分
天花板
天昏地暗
天亮
天女散花
天平
天然气
天壤之别
天生

天天向上
天王星
天涯海角
天真无邪
田地
田径
甜滋滋
填空
填写
挑起
条件
调节
调整
眺望
跳动
跳伞
跳水
跳远
听力
停留
挺立
挺身而出
通常
通车
通道
通话
同行
同伙
同事
铜牌

童
统统
统一
捅
筒
痛哭
痛痛快快
头部
头顶
头脑
头疼
头痛
投降
投入
投向
投影
透过
透镜
透露
透明
凸透镜
突
突发奇想
突破
突如其来
图像
图形
徒步
徒弟
土壤

团结
团团转
团圆
推出
退休
退学
吞吞吐吐
托儿所
托运
拖把
拖拉机
拖鞋
脱口而出

W

蛙
娃
瓦
歪歪扭扭
外币
外部
外出
外地
外号
外汇
外交官
外科
外孙女
外套
外头
外文

外形
外祖父
外祖母
蜿蜒
丸
完毕
完蛋
完好
完好无损
完美
完整
顽强
挽
晚报
晚间
晚期
万分
万里无云
万里长城
万能
万千
万事
万事如意
万岁
万万
万物
万一
亡
王牌
网吧

网点
网民
网友
网站
往后
往日
忘掉
旺
望子成龙
危害
危机
威风
威风凛凛
威力
微
微波炉
微不足道
微弱
为人
违规
围观
围墙
围绕
纬度
卫生纸
为何
未必
未知数
味精
胃

胃口
喂食
温泉
温柔
温馨
文档
文化
文件
文句
文明
文坛
文物
文学
文学家
文章
纹
纹丝不动
蚊
吻
稳定
问号
问候
问卷
问心无愧
嗡
污
屋顶
屋檐
无边
无边无际
无不
无处不在
无敌
无故
无话可说
无家可归
无尽
无精打采
无理
无力
无论如何
无奈
无情
无穷无尽
无声
无声无息
无时无刻
无限
无线
无线电
无心
无疑
无缘无故
无知
吾
五官
五花八门
五体投地
五星级
五脏
午餐
午夜
伍
妩媚
武
武松
舞会
物价
物美价廉
物体
物质
误

X

西北
西方
西服
西游记
西藏
西装
吸尘器
吸管
吸取
吸烟
昔日
淅淅沥沥
惜
溪流
熄灭
嘻嘻哈哈
习题
习作
袭击
洗衣粉
喜好
喜酒
喜怒哀乐
喜气洋洋
喜庆
喜事
喜糖
喜洋洋
戏剧
细胞
细节
细小
瞎
峡谷
下巴
下岗
下海
下级
下降
下列
下手
下水道
下台
下一代
吓人
夏季
夏令营
仙鹤
先后
先例
先天
鲜美
鲜嫩
显出
显然
显示
显示器
显眼
县
县长
现代化
现象
现有
陷
陷阱
陷入
乡
乡亲
相比
相比之下
相当
相当于
相等
相互
相连
相识
相似
香料
香水
香甜可口
香味
香油
详细
享
享受
想念
向往
相机
项链
消
消毒
消防
消炎
硝烟
小菜一碟
小吃
小弟
小动作
小贩
小费
小看
小卖部
小品
小气
小曲
小提琴
小溪

小型
小意思
晓
孝
孝心
校服
校友
笑容满面
笑嘻嘻
笑盈盈
效果
歇
写法
写景
写字楼
写字台
泻
蟹
心不在焉
心烦意乱
心浮气躁
心甘情愿
心花怒放
心灰意冷
心急
心惊胆战
心灵
心平气和
心事
心思

心酸
心田
心跳
心意
心脏病
芯
辛劳
欣赏
欣喜
新春
新房
新款
新娘
新奇
新人
新生
新世纪
新手
新型
信件
信息
信心十足
信用卡
兴
星光
星级
星空
星星点点
行动
行李单

行李箱
行驶
形容
形容词
形象
醒来
醒目
兴冲冲
幸亏
性别
性格
性子
姓氏
凶手
胸
胸部
胸膛
雄伟
雄鹰
熊熊
修补
修改
修建
修路
修长
羞
羞答答
羞愧
秀发
秀气

袖珍
袖子
绣
须
虚
虚惊一场
虚心
徐
徐徐
许久
悬
悬挂
悬崖
旋
选择
炫耀
靴子
学分
学生会
学士
学问
学业
雪糕
雪灾
血管
血肉
血丝
血压
询问
训

训练
迅

Y

丫头
押金
鸦雀无声
崖
哑铃
雅
亚运会
咽喉
烟火
烟雾
淹没
延伸
严
严厉
严肃
言辞
言语
炎炎
沿
沿岸
沿海
研究
阎王
颜
颜料
眼红
眼角

眼皮
眼圈
眼睁睁
眼珠
演唱
演讲
演戏
厌
厌恶
咽
艳丽
雁
燕
央求
扬长而去
阳
阳春
阳历
阳性
杨柳
洋
洋葱
洋娃娃
洋洋得意
养成
氧
妖
腰酸背痛
摇动
摇篮

摇头
摇头晃脑
摇摇晃晃
遥
遥控器
遥远
舀
药店
药品
药水
要害
要好
要么
要命
要强
也好
也就是说
野菜
野餐
野草
野炊
野生
夜间
夜市
夜校
夜总会
液
一般来说
一辈子
一本正经
一不小心
一草一木
一刹那
一刹那间
一尘不染
一次性
一旦
一点一滴
一丁点
一帆风顺
一番
一方面……一方面……
一干二净
一个劲
一股脑
一行
一晃
一举一动
一连串
一溜烟
一路平安
一路顺风
一落千丈
一模一样
一齐
一清二楚
一去不复返
一扫而光
一生一世
一瞬间
一丝不苟
一体
一天到晚
一望无垠
一无所获
一五一十
一系列
一向
一心
一早
一致
衣来伸手
衣着
医药
医治
依法
依旧
依靠
依依不舍
仪
遗憾
疑
疑惑
乙
以外
以往
以下
倚
椅
亿
义
忆
议论
议论纷纷
议论文
亦
异
异常
异性
佚名
易
益处
意料
意想不到
意义
翼
因而
阴暗
阴历
阴天
阴性
阴影
音节
音量
音响
吟
银牌
银杏
引得
引人注目
饮
饮食
饮用水
隐
隐藏
隐隐
隐隐约约
隐约
瘾
印象
英镑
英俊
英雄所见略同
樱
迎风
迎来
迎面而来
萤火虫
营
营业员
影迷
影片
影视
影星
应当
应用文
映
映入
硬盘
硬是
硬卧
硬着头皮
硬座
拥
拥挤
永久
咏
泳衣
勇
勇士
勇往直前
勇于
用餐
用得着
用法
用品
用于
优惠
优异
忧
忧愁
忧伤
幽
悠
悠闲
由来
邮
邮编

邮递员
邮寄
邮政
犹
油画
油条
游船
游览
游戏机
游走
友爱
友人
有劲
有利于
有两下子
有说有笑
有限
有序
有益
有助于
幼
幼苗
幼小
诱人
渔夫
愉快
宇航员
宇宙
羽
羽绒服

雨过天晴
语气
玉帝
郁闷
郁郁葱葱
育
浴缸
浴巾
预报
预备
预赛
预习
愈
冤枉
元老
元宵
园地
原地
原料
原始
原先
原有
援助
缘
源
源于
远见
远离
怨
怨言

曰
约定
月份
月票
月台
月薪
月租
乐队
乐器
岳父
岳母
阅兵
跃
越发
越过
晕倒
晕头转向
云彩
陨石
孕妇
运气
运用
晕车

Z

杂
杂志
咋
灾
灾害
哉

再三
在场
在乎
在下
在意
载歌载舞
攒
赞
赞赏
赞叹
赞同
赞扬
遭
遭到
遭遇
糟
早期
灶
造成
造反
噪音
责备
责怪
责骂
啧啧
贼
增
增强
增添
炸药

窄
展览
展示
展现
占线
战友
站立
湛蓝
张口
张牙舞爪
章
蟑螂
长辈
涨价
帐篷
账户
招待
招生
朝霞
朝阳
着火
着凉
召开
赵
照顾
照料
照样
罩
折腾
折扣

折磨
哲
珍爱
珍惜
珍重
真空
真理
真情实感
真相
真心
诊室
枕
震动
震耳欲聋
正月
争夺
争奇斗艳
争气
争取
蒸
整点
整整齐齐
正版
正当
正方
正负
正面
正巧
正如
正文

正义
正直
正宗
证件
证明
证实
证书
郑
挣脱
之所以
支票
支支吾吾
芝麻
枝繁叶茂
枝干
蜘蛛
执着
直达
直线
直至
值钱
职业
只顾
指点
指向
指针
指指点点
至高无上
至少
至于

志
制成
制止
质量
致
智
智力
智能
中断
中国画
中考
中年
中外
中旬
中药
中医
忠心
终
终身
终身大事
终生
终生难忘
钟表
钟声
衷心
肿
种类
众
众多
众人

种地
种植
重大
重地
重力
重量级
重伤
重视
重心
州
周年
洲
粥
珠宝
珠子
诸葛亮
猪八戒
竹竿
竹笋
逐渐
烛
主持
主持人
主动
主妇
主任
主食
主题歌
主演
主页

助人为乐
助手
住处
住房
住户
住宅
注
注射
祝贺
祝愿
著
筑
专
专柜
专家
专卖店
专业
砖头
转弯
转向
转学
转眼
转移
转账
赚
赚钱
庄园
装备
装饰
装修

状
状态
状元
追赶
坠
准时
捉弄
着陆
着落
着想
姿
资料
子孙
紫色
自卑
自负
自告奋勇
自私
自信
自信心
自由自在
自愿
自责
自助
自尊心
字谜
字形
字眼
总部
总的来说

总共
总和
总计
总监
总结
总经理
总理
总数
总台
总统
粽子
奏
揍
租金
足够
足迹
族
阻挡
阻力
阻止
组成
组合
组长
组织
祖先
祖宗
嘴角
最佳
最为
罪

尊严
尊重
遵守
昨日
左思右想
佐料
作出
作对
作家
作客
作品
作者
作证
坐落
座机
座右铭
做法
做礼拜
做生意

五级词汇

A

哀愁
哀悼
哀伤
埃
爱戴
爱面子
碍事
安定
安然无恙
安稳
安详
案
案件
暗淡
暗恋
暗示
暗自
昂贵
昂首挺胸
敖
熬夜
袄
傲慢
奥林匹克
懊悔

B

八仙过海
巴结
芭蕉
把柄
把手
把握
把戏
靶子
坝
罢休
白痴
白发苍苍
白费心机
白酒
白鹭
白头偕老
白眼
白杨
百般
百倍
百花争艳
百科
百年
百思不得其解
百姓
柏树
摆弄
摆平
摆设
败坏
拜访
扳
扳手
班机
颁发
斑
斑斑
搬运
版
办理
办事
办学
半径
半晌
伴侣
伴奏
绊
绊脚石
扮
扮演
绑架
绑票
傍
磅
包袱
包容
煲
饱含
饱经风霜
宝库
宝玉
保管
保健操
保密
保卫
保温
保险
保修
保重
堡
报仇
报酬
报导
报废
报价
报考
报效
报站
抱负
暴力
暴利
暴露
暴躁
爆满
爆竹
卑鄙
悲愤
悲观
悲欢离合
悲凉
悲壮
碑
北斗星
北国
北极星
北极熊
备份
备课

背叛
倍数
被动
被告
辈
奔走
本地
本科
本能
本钱
本色
本土
本质
笨重
笨拙
崩
迸
逼迫
鼻涕
比比皆是
比重
彼
彼岸
笔法
笔迹
笔尖
笔墨
鄙视
必定
必然
必修
毕
毕生
闭幕
闭幕式
陛下
毙
碧蓝
避难
避暑
臂膀
边疆
边界
边境
编号
编写
编造
鞭
鞭子
贬
贬义
变动
变换
变脸
变形
变异
变质
便利
便于
遍布
遍体鳞伤
辨
辨别
辨认
辩解
辩论
标
标题
标志
表白
表决
表明
表述
表率
表态
别处
别开生面
别样
别字
别扭
宾客
彬彬有礼
冰雹
冰天雪地
兵马俑
柄
并行
并肩
并排
病号
病痛
病症
波动
剥削
播音
伯乐
勃勃
勃勃生机
搏
搏击
补给
捕捞
捕杀
捕食
哺乳
哺育
不卑不亢
不便
不倒翁
不法
不妨
不甘示弱
不公
不顾一切
不及
不计其数
不假思索
不见得
不堪回首
不堪一击
不可避免
不可磨灭
不可收拾
不可思议
不快
不劳而获
不利
不良
不平
不屈不挠
不忍
不是……而是……
不是……就是……
不同寻常
不务正业
不惜
不像话
不屑一顾
不朽
不厌其烦
不以为然
不亦乐乎
不予
不择手段
不怎么样
不知所措
不只
不至于
布告
布料
部落
部长

C

擦肩而过
猜测
猜谜
才干
才华
材
财
财产
财主
裁
裁判
采访
采购
采矿
采纳
采摘
彩霞
菜花
蔡
参
参见
参考
参与
餐车
餐饮
残暴

残酷
残留
残缺
残忍
惨白
仓
仓库
苍天
沧海
藏身
草稿
草书
草率
草药
侧面
测量
策
层层叠叠
层次
曾几何时
差别
差错
差距
差异
插手
插嘴
茶馆
茶话会
查看
查明

查询
察
察觉
岔
姹紫嫣红
拆除
柴油
掺
搀
搀扶
产物
忏悔
长安
长处
长度
长假
长江后浪推前浪
长生不老
长叹
长征
肠
常见
常理
常年
常人
常识
常温
嫦娥
厂房

场馆
场合
畅快
抄袭
超标
超出
超级
超前
朝代
朝廷
嘲讽
嘲弄
潮流
潮水
炒作
车间
车库
车水马龙
彻
彻底
撤离
臣
尘埃
尘世
沉淀
沉静
沉醉
陈旧
晨光
衬

称作
成才
成份
成果
成家
成交
成就
成名
成人
成心
呈
诚
诚恳
诚心诚意
承
承包
承担
承诺
城墙
城镇
乘风破浪
乘务员
秤
吃苦
吃苦耐劳
吃亏
痴
痴呆
痴心
池子

驰
迟疑
持有
持之以恒
尺度
齿
齿轮
耻
耻笑
赤道
赤裸裸
冲刺
冲淡
冲锋
冲击
冲破
冲突
冲撞
充
充当
充饥
充足
重重
重返
重逢
重合
重建
重现
重阳节
崇拜

崇高
宠爱
抽空
抽签
仇
仇恨
稠
筹
丑恶
丑闻
瞅
出版社
出产
出场
出道
出动
出海
出局
出路
出卖
出面
出难题
出奇
出任
出山
出身
出神
出世
出售
出头

出席
出演
出洋相
出资
初春
初恋
初期
初夏
除此之外
除非
锄
锄头
储存
楚楚动人
处罚
处分
处事
畜生
触觉
触目惊心
踹
穿行
传达
传单
传递
传闻
传言
船夫
船桨
疮

床铺
创办
创建
创立
创造性
吹拂
炊烟
捶
锤炼
春联
春意
春意盎然
纯朴
纯真
纯正
唇
词句
词义
瓷
辞
辞职
慈
雌
雌雄
此地
此起彼伏
次品
次日
次数
次序

伺候
刺激
从头
凑巧
凑热闹
粗暴
粗粮
粗鲁
粗细
促成
促进
蹿
催促
村落
存储
存放
存款
存心
挫折
措手不及
错觉
错综复杂

D

搭乘
搭建
搭配
达成
答复
答题
打盹

打发
打鼓
打官司
打交道
打猎
大都
大纲
大公无私
大奖赛
大漠
大批
大气压
大千世界
大全
大使
大体上
大同小异
大洋
大意
大致
大众
大作
呆滞
歹徒
代词
代号
代数
代言人
带动
带劲

袋鼠
担架
单薄
单打
单单
单独
单杠
单调
胆怯
旦
但愿
担子
淡化
淡忘
弹药
当场
当代
当家
当面
当前
当选
当之无愧
当众
档
党
导
导弹
导航
导火索
导师

导演
岛屿
捣乱
倒闭
到……为止
到期
倒流
倒退
盗版
盗窃
道别
道德
道谢
得不偿失
得失
得手
得体
德语
灯塔
登陆
登录
低矮
低沉
低估
低谷
低调
堤坝
提防
嘀嗒
滴答

滴水
敌对
敌视
抵
抵达
抵挡
抵抗
抵消
底层
底价
底片
底线
底子
地道
地段
地盘
地平线
地势
地形
地域
地质
地主
帝
帝王
第三者
第一手
第一线
颠
颠簸
癫

点题
电车
电缆
电流
电器
电子版
电子游戏
店铺
店员
垫
垫底
垫子
淀粉
刁难
吊灯
调头
掉队
跌落
碟
碟子
丁香
顶天立地
顶嘴
订购
订婚
订货
定格
定价
定理
定律

定期
定时
定心丸
定义
定做
丢弃
丢三落四
东奔西走
东道主
冬泳
冬至
董事长
动工
动脉
动摇
动用
栋梁
洞穴
陡峭
斗志
豆荚
痘
都会
毒品
独唱
独到
独家
独身
独特
读物

赌
赌博
杜
杜鹃
妒忌
度假村
端午
端午节
端正
短处
短跑
短缺
短小精悍
段落
断定
断断续续
断绝
断裂
堆积
队形
对白
对策
对称
对抗
对立
对门
对牛弹琴
对头
兑换
多才多艺

多愁善感
多情
多时
多余
哆嗦
夺得
夺魁
夺取
踱
躲藏
舵手
堕落

E

婀娜
额外
恶化
恶劣
噩梦
恩爱
恩人
恩师
而后
而今
耳环
二氧化碳

F

发布
发愁
发达国家
发电

发放
发奋
发愤图强
发愣
发怒
发票
发射
发笑
发育
发源地
发作
乏味
伐
罚款
罚球
法郎
法老
法庭
法院
法子
帆船
翻山越岭
翻新
翻译
翻阅
繁
繁花
繁花似锦
繁体字
繁重

反差
反常
反倒
反感
反击
反思
反弹
反问
反省
反之
犯病
犯愁
饭厅
范
方案
方才
方程
方方面面
方位
方言
防盗
防守
房贷
房地产
仿制
访
访问
放大
放飞
放行

放射
放水
放映
放置
飞镖
飞禽走兽
飞天
飞跃
非……不可
非凡
肥料
肥沃
匪徒
废除
费劲
费力
费用
分辨
分布
分成
分担
分割
分工
分解
分类
分散
分享
分支
吩咐
纷纷扬扬

氛围
坟
坟墓
焚烧
粉红色
粉碎
分量
奋发图强
奋发向上
奋进
奋勇
奋战
粪
粪便
丰厚
丰满
风吹雨打
风帆
风浪
风平浪静
风气
风趣
风声
风霜
风俗
风味
风云
封面
蜂蜜
冯

缝隙
凤凰
奉
佛教
否
否定
否决
否认
扶手
芙蓉
拂
服从
服饰
服务器
服用
俘虏
浮雕
浮云
符号
符合
福气
抚养
府
俯
腐败
腐烂
腐蚀
付款
负面
负伤

妇人
附
赴
复查
复发
复活
复活节
副词
赋
富贵
富含
富强
富商
富足
腹
腹泻
覆

G

改动
改过自新
改进
改名
改签
改写
钙
盖章
干戈
干旱
干涸
干枯

干扰
干燥
甘
甘愿
甘蔗
杆
赶不上
赶路
赶上
感恩
感叹
感知
干劲
干事
冈
钢筋
钢丝
杠杆
高昂
高傲
高潮
高档
高等
高峰期
高高在上
高歌
高跟鞋
高贵
高举
高龄

高耸
高速
高效
高雅
高原
高远
糕
搞鬼
搞笑
稿
稿纸
稿子
告状
搁
歌剧
歌颂
革命
格言
格子
隔阂
个体
个头
跟随
跟踪
耕
耕地
羹
更新
工匠
工艺

公尺
公德
公告
公开
公款
公民
公婆
公顷
公认
公事
公务员
公用
公寓
公正
公众
功力
功率
攻打
攻读
攻关
供不应求
恭敬
恭喜
巩固
拱
共鸣
勾画
勾心斗角
沟通
钩子

购
购物
估算
咕
孤岛
孤立
孤零零
辜负
古董
古都
古今中外
古往今来
古文
谷子
股市
骨气
骨肉
骨子里
鼓动
固
固然
固体
故宫
顾不得
雇
瓜分
呱呱
刮目相看
寡妇
乖巧

怪异
关闭
关怀
关节炎
关切
关照
观后感
观望
官吏
官司
官员
棺材
管道
管教
贯穿
惯性
灌溉
灌木
罐头
光彩照人
光顾
光棍
光环
光辉
光景
光盘
光阴
光照
广义
归属

归于
规
规矩
规则
闺女
硅
瑰宝
轨迹
鬼子
柜台
贵宾
贵重
贵族
滚烫
棍棒
锅巴
锅炉
国产
国度
国防
国民
国人
国土
果断
过错
过奖
过境
过客
过滤
过敏

过期
过人
过日子
过头
过往
过意不去
过硬

H

哈哈镜
蛤蟆
海拔
海滨
海港
海龟
海峡
海啸
海燕
海域
海运
骇人听闻
害臊
含糊
含量
含笑
含辛茹苦
寒气
寒意
罕见
喊叫
汉子

旱
旱灾
焊
行家
行业
航船
航海
航空
航天
航天员
航线
航行
毫
好感
好评
好些
好转
号召
好客
耗
耗时
浩
浩荡
呵斥
合成
合法
合计
合金
合算
合同

合影
合约
何不
何尝
何等
何况
和蔼
和睦相处
和平
和气
和尚
河道
河山
荷塘
核
核电站
核对
核能
核实
核桃
核武器
核心
褐色
鹤立鸡群
黑洞
黑猩猩
狠心
恒
恒心
恒星

横七竖八
衡
轰轰烈烈
轰鸣
轰炸
烘
红尘
红楼梦
红娘
红扑扑
红润
红薯
红眼
后方
后会有期
后记
后期
后台
后头
后卫
后裔
厚度
厚重
呼风唤雨
呼呼
呼救
呼声
忽而
狐朋狗友
胡乱

胡闹
胡说
壶
互联网
互助
户口
户型
护理
花茶
花灯
花费
花花绿绿
花卉
花季
花木
花样
哗哗
划船
华美
华夏
滑雪板
化肥
化工
化身
化学
化验
画报
画布
画龙点睛
画眉

画蛇添足
话剧
怀孕
坏处
欢声笑语
欢送
欢欣
环保
环顾
环视
缓缓
幻化
幻觉
幻影
换乘
换取
换言之
唤起
患者
荒
荒地
荒凉
荒漠
荒唐
慌乱
皇宫
皇冠
皇上
皇室
黄花

黄牛
黄土
黄油
灰暗
灰飞烟灭
诙谐
回复
回落
回眸
回升
回声
回收
回味
回味无穷
回想
回旋
回忆录
回应
悔
汇报
汇合
汇总
会见
会面
会谈
会心
会长
会诊
绘
绘声绘色

慧
昏黄
昏迷
婚礼
婚纱
浑
浑浊
混合
混凝土
豁出去
活该
活期
活生生
活像
火光
火候
火种
伙
伙计
伙食
货物
获胜

J

叽
机车
机关
机密
机械
机遇
肌肤

积分
积极
积累
基地
基督教
激
激流
激起
激情
激素
吉普
吉普车
吉祥物
极度
极力
极限
即便
急促
急迫
急切
急速
急性
急需
急于
急躁
疾
棘手
集市
集装箱
籍

几何
几时
几许
计策
计较
记录
记事
记性
记叙
记忆力
记忆犹新
记载
记者
纪录
纪录片
纪念碑
纪念馆
技
技能
忌
季度
剂
迹
济
继而
寄语
寂
寂静
寂寞
加班

加倍
加工
加急
加紧
加盟
加热
加深
加以
加重
佳作
枷锁
家常
家教
家禽
家属
家用
家族
颊
甲板
甲鱼
贾
假冒
假若
假设
假使
架势
假日
尖锐
尖子
奸

歼灭
坚
坚持不懈
坚定不移
坚强不屈
坚韧不拔
坚实
坚守
肩负
肩头
艰苦奋斗
艰难险阻
艰辛
监考
监狱
兼
茧
减免
减压
剪彩
简短
简体字
见钱眼开
见识
见外
见闻
见证
间断
间接
建筑师

贱
健儿
健美
健美操
健身房
舰艇
涧
践踏
江东
江湖
江山
姜
浆
僵
僵局
僵硬
讲解
讲学
讲演
讲义
讲座
奖赏
匠
降低
降价
降临
酱
交代
交点
交锋

交集
交际
交接
交界
交替
交头接耳
郊游
娇气
娇小
娇艳
骄阳
胶
胶带
胶卷
胶片
胶水
教书
焦点
焦距
礁石
嚼
绞
绞尽脑汁
矫健
矫正
脚底
脚踏实地
叫唤
叫早
较量
较为
教官
教诲
教堂
阶
接班人
接待
接风
接见
接连
接收
接手
接替
节能
节拍
节衣缩食
劫
杰出
杰作
结伴
结论
结识
结尾
截然不同
截止
解答
解放
解救
解散
解说
解说员
解围
介入
介意
介于
戒烟
界定
界限
界线
借用
借助
斤斤计较
今朝
今生
金属
金字塔
筋
筋骨
紧密
锦
锦上添花
谨
尽收眼底
进出
进化
进军
近代
近乎
近来
近期
近似
近在咫尺
劲头
晋
禁区
禁止
京城
经典
经济
经久不息
经理
经历
经商
经受
荆
惊慌
惊慌失措
惊心动魄
惊异
精品
精巧
精确
精通
精细
精选
精英
鲸鱼
井井有条
井然有序
颈
警卫
警钟
径
净土
竞技
竞选
竞走
竟敢
敬礼
敬请
敬业
静止
境
久而久之
久仰
酒会
酒精
救护
救治
救助
就餐
就地
就读
就近
就任
就是……也……
就医
就诊
舅母
居高临下
局长
举报
举例
举人
举世闻名
举世无双
举一反三
举止
举重
巨浪
巨头
句式
拒
俱
俱乐部
剧
剧场
剧目
剧情
剧院
距
惧
惧怕
锯
锯子
捐助
涓涓
倦
觉察

绝顶
绝技
倔强
军舰
军人
军事
军训
军营
军用
军装
君子
菌
郡
竣工

K

咔嚓
开办
开场
开创
开发区
开发商
开饭
开工
开户
开卷
开课
开门见山
开明
开幕式
开眼
开张
楷书
刊物
看护
堪
坎坷
看待
看似
看透
抗拒
抗议
抗争
炕
考取
考验
烤箱
苛刻
科技
科目
科普
颗粒
可悲
可不是
可乘之机
可耻
可靠
可喜
可行
渴求
克隆
刻骨铭心
刻画
刻舟求剑
客观
课时
铿锵
空荡荡
空话
空前
空想
空心
空虚
空运
恐
恐吓
恐慌
空缺
空隙
空闲
控
口才
口吃
口腔
口试
口是心非
口头
口吻
口音
叩
扣除
扣留
扣人心弦
哭诉
苦练
苦闷
苦涩
苦痛
苦笑
苦心
库
酷热
酷暑
夸大
夸夸其谈
垮
跨越
快感
宽大
宽厚
款
款待
款式
狂奔
狂欢
旷
旷课
矿物
框
亏本
亏待
亏损
葵花
困惑
困境
扩散
阔

L

拉扯
拉动
喇叭花
腊
腊肠
腊月
蜡
来宾
来客
来龙去脉
来年
来去
来源
蓝图
懒得
廊
朗朗
浪潮
劳
劳作
牢固
老成
老弟
老爹
老化
老茧
老实说
老爷
老者
老子
烙
乐此不疲
乐于助人
勒
勒索
累累
雷同
垒
累积
累计
蕾
泪痕
泪眼
类别
棱
棱角
冷淡
冷冻
冷风
冷落
冷却
冷水
犁

篱笆
礼仪
理论
理直气壮
理智
鲤
力不从心
力求
历
历代
历尽
历历在目
历时
历险
立场
立功
立正
立志
立足
吏
利益
例
连滚带爬
连绵
连年
连任
连同
连续剧
怜悯
怜惜

莲蓬
联
联合
联欢
联欢会
联赛
联手
联网
脸盆
脸谱
脸型
练兵
恋人
链
链子
良久
良师益友
凉水
粮
两侧
两极
两栖
亮点
亮相
谅解
量词
撩
辽阔
疗
疗法

寥寥无几
嘹亮
潦草
了却
咧嘴
劣
劣势
烈
猎
猎豹
猎犬
猎物
裂缝
裂痕
邻
临街
磷
鳞
吝啬
灵感
灵气
玲珑
凌晨
羚羊
零件
零售
零碎
零星
领会
领事

领事馆
领土
领袖
领子
令人神往
溜达
留念
留意
流传
流连忘返
流氓
流向
硫酸
榴莲
柳暗花明
柳絮
遛
聋
隆隆
漏斗
庐
炉灶
炉子
鲁
鲁莽
陆陆续续
录
录音带
录制
碌碌无为

路段
路况
路人
路途
路线
露面
露台
露营
卵
掠
轮换
轮流
轮胎
轮椅
论点
论文
啰
罗列
锣
锣鼓
箩筐
骡子
螺
螺丝
螺丝钉
裸露
落成
驴子
旅程
旅店

旅客
屡
律师
率
绿地
绿荫

M

麻袋
麻辣
麻醉
玛瑙
埋藏
埋没
埋葬
麦秸
麦子
卖力
脉
脉搏
满不在乎
满怀
满目
满腔
满心
满眼
满载而归
漫不经心
漫山遍野
漫游
慢性

慢悠悠
忙活
忙乱
忙忙碌碌
忙于
盲
盲目
茫茫
茫然
猫头鹰
毛线
毛主席
茂
冒犯
冒号
没准
眉开眼笑
煤矿
美感
美化
美酒
美貌
美中不足
媚
门牌
门卫
萌发
萌芽
朦胧
朦朦胧胧

梦幻
弥
弥补
迷惑不解
迷津
迷茫
迷信
猕猴桃
米酒
秘方
秘诀
秘书
密不可分
密度
密切
棉
免除
勉励
面红耳赤
面颊
面膜
面目
面目全非
面庞
面纱
面试
苗条
描
庙会
灭亡

民歌
民俗
民用
民众
民主
民族
抿
敏锐
名称
名词
名额
名贵
名利
名列前茅
名落孙山
名片
名声
名胜古迹
名义
名誉
明朝
明净
明镜
明朗
明了
明确
明知
明智
命名
命题

命运
膜
摩擦
摩天
摩天轮
摩托艇
磨擦
磨难
魔力
末日
沫
莫大
莫非
蓦地
默
默念
眸子
谋
谋生
母语
牡蛎
木材
木匠
目不暇接
目睹
目送
目中无人
墓碑
墓地
幕后

N

拿……来说
呐喊
纳闷
纳入
奶酪
耐力
耐人寻味
南极
难得一见
难为情
难以
难以置信
难民
恼
恼羞成怒
脑力
闹别扭
闹事
内部
内服
内行
内幕
内外
内在
内脏
内战
嫩黄
能干
能歌善舞

能量
能耐
能人
尼龙
霓虹灯
拟
逆
匿名
腻
年初
年华
年轮
年迈
年青
年少
年头
年薪
年终
碾
念叨
念念不忘
念书
酿
鸟巢
蹑
柠檬
凝
宁可
牛顿
牛仔裤

农产品
农田
农业
农作物
浓密
浓重
奴
暖烘烘
挪动
诺
诺言
糯米
女神
女王
女婿

O

欧
殴打
藕

P

爬山虎
拍卖
拍子
排斥
排放
排名
徘徊
盘算
判
叛变
旁人
刨
袍
炮弹
炮火
陪伴
陪同
陪葬
培养
培育
赔偿
佩戴
配件
配料
配音
喷嚏
盆地
棚
蓬
碰见
碰碰车
碰撞
批发
披肩
噼里啪啦
皮革
皮影戏
疲惫
譬如说
偏爱
偏方
篇章
片段
骗子
飘浮
飘洒
飘散
飘舞
瓢
票房
撇
贫
贫民
品德
品格
品学兼优
品质
平安夜
平常心
平凡
平和
平面
平民
平生
平稳
平息
平行
平原
评比
评论
评语
凭借
屏
泼冷水
迫切
破案
破费
破解
破裂
破灭
破涕为笑
破折号
魄
扑面而来
扑灭
扑腾
铺路
铺天盖地
仆人
朴实
普遍
谱
瀑

Q

妻
柒
期盼
期望
欺
欺诈
漆
其次
其间
奇花异草
奇迹
奇形怪状
歧视
崎岖
旗袍
旗帜
乞求
乞讨
岂
企图
启
启迪
启蒙
启示
启事
起程
起立
起头
起先
起义
起源
气冲冲
气喘吁吁
气力
气派
气魄
气象
气压
气质
迄今为止
弃
泣
器官
恰
恰当
恰恰
恰恰相反
恰巧
千古
千金
千里马
千难万险
千辛万苦
迁
牵挂
牵头
谦让
签收
签字
前列
前期
前人
前世
前所未有
前提
前头

前无古人
前夕
前线
前仰后合
钱财
钳子
潜力
潜入
潜水
潜艇
欠缺
嵌
歉意
强盗
强度
强行
强加
强调
强项
蔷薇
抢夺
抢劫
强迫
跷跷板
锹
瞧见
巧夺天工
悄无声息
窍门
撬
窃
窃窃私语
侵
侵略
亲和力
亲热
亲生
亲友
芹菜
秦始皇
禽
勤勤恳恳
沁人心脾
青春期
青翠
青椒
青苔
青天
青铜
轻而易举
轻风
轻快
轻狂
轻描淡写
轻视
轻微
倾家荡产
清单
清冷
清新
情报
情不自禁
情侣
情人
晴天霹雳
请帖
穷苦
丘陵
囚
求得
求婚
求救
求学
求知
求职
求助
区分
区区
曲线
曲折
驱
屈服
躯
躯体
蛐蛐
渠
取代
取而代之
取经
取决于
取暖
娶
去向
趣味
圈子
权力
全程
全都
全方位
全神贯注
全文
全职
拳击
劝告
缺口
缺陷
瘸
雀
确
群岛
群星
群众

R

燃料
燃气
让步
扰
热带
热火朝天
热量
热门
热腾腾
热血沸腾
人道
人海
人均
人力
人情
人身
人世
人世间
人文
人心
人行道
人缘
仁
仁慈
忍饥挨饿
忍俊不禁
忍耐
认定
认可
任性
任意
日报
日程
日光
日后
日积月累
日渐
日新月异
日月如梭
荣获
荣幸
容量
容貌
容纳
容器
容忍
容许
容颜
溶
溶化
溶解
溶液
熔
冗长
柔和
柔情
柔弱
肉体
如痴如醉
如实
如下
如一
如意
如愿以偿
乳
辱
入场券

入境单
软弱
瑞
若干
若无其事
若隐若现
若有所思
弱势

S

腮
赛事
三番五次
三五成群
散落
散文
桑拿
桑树
嗓音
丧
丧生
骚乱
扫除
扫描仪
扫墓
僧
僧人
杀毒
沙哑
刹
鲨鱼
傻笑
傻子
霎时间
筛
筛子
山川
山地
山河
山峦
山头
山崖
山腰
山野
山寨
删
衫
珊瑚礁
扇动
闪光点
闪亮
闪现
善解人意
善意
擅长
伤疤
伤残
伤风
伤感
伤脑筋
伤势
伤员
商
商贩
商家
商业
赏脸
上等
上进
上流
上门
上调
上头
上扬
上映
上游
上涨
尚
捎
烧饼
梢
少时
哨
哨兵
舌
舍弃
设定
设法
设计
设计师
设立
设想
社
社会
社团
涉
摄氏度
摄像
摄影
申请
伸展
身不由己
身价
身心
身姿
绅士
深奥
深度
深刻
深入人心
深山
深思
深渊
神父
神色
神州
审
肾
甚至于
渗
升华
升降机
升学
生成
生存
生根
生机
生灵
生平
生前
生人
生死
生肖
生锈
生硬
声称
牲口
绳索
省会
省略
省略号
圣火
圣洁
胜出
盛夏
失传
失掉
失利
失恋
失灵
失明
失学
失意
师长
诗词
诗篇
诗情画意
诗意
湿度
十全十美
石灰
石油
时差
时代
时机
时节
时空
时日
时事
时速
时钟
时装
识字
实地
实况
实实在在
实物
实习
食用
食欲
史无前例

使者
示
世代
世纪
世间
世人
世事
世俗
式样
势力
势头
事迹
事业
饰
试探
试想
试用
视而不见
视觉
拭
适宜
适应
适用
逝
逝世
誓
誓言
收回
收据
收取
收拾
收养
手把手
手背
手册
手段
手风琴
手链
手榴弹
手头
手推车
手腕
手下
手艺
手足无措
守候
守望
守卫
守信
守株待兔
首领
首饰
首长
寿
寿命
受害人
受惊
受苦
受理
受凉
受益
售后服务
售价
瘦身
书记
书生
书香
书页
抒发
抒情
殊不知
淑女
舒适
疏
疏忽
疏散
输家
输液
孰
赎
熟食
暑期
薯片
薯条
束手无策
树丛
树荫
恕
数额
数据
数目
耍赖
衰
衰老
衰弱
率领
拴
涮
双胞胎
双赢
水波
水槽
水稻
水缸
水灵灵
水落石出
水牛
水手
水土
水仙
水乡
水域
水蒸气
水准
税金
睡意
顺从
顺其自然
顺势
顺心
说不上
说服
说谎
说闲话
说笑
硕大
硕果
硕果累累
司空见惯
司令
丝绸
丝绸之路
私
私立
思想
嘶
死心
死刑
寺庙
似曾相识
似懂非懂
似笑非笑
饲料
肆无忌惮
松绑
耸
耸立
送别
送行
颂
搜
搜救
搜索
搜寻
酥
俗
俗话
俗语
诉
诉苦
素材
素描
素质
速
速递
塑料袋
酸痛
蒜
算计
算是
算数
算账
随笔
随机
随身
遂
穗
损
损害
损坏

缩短
缩水
缩小
缩影
所作所为
索性
琐事
锁定

T

他乡
踏实
踏青
胎
太平
太阳能
太子
态
瘫
昙花
昙花一现
谈天
谈天说地
谈笑风生
谈心
弹性
痰
坦白
坦然
炭
探望
碳
糖葫芦
糖尿病
倘
滔滔
逃离
逃生
逃脱
逃亡
桃花源
陶
讨好
讨价还价
套餐
特产
特定
特快专递
特长
特制
腾飞
梯田
梯子
提包
提交
提示
提问
提议
提早
题材
题海
蹄
体谅
体贴
替代
替身
天长地久
天赋
天高云淡
天国
天河
天际
天幕
天堂
天文
天性
天真烂漫
天子
添加
田间
田园
甜品
甜头
填补
填充
条纹
条约
调料
调味
贴近
帖
帖子
铁道
铁饭碗
听从
听众
亭亭玉立
庭
庭院
停顿
停放
停息
艇
通行证
通顺
通通
通宵
通信
通用
同班
同窗
同等
同感
同类
同仁
童心
统计
痛恨
痛快
痛心
偷懒
偷窃
头号
头巾
头领
头颅
头条
头头是道
头衔
头子
投稿
投票
投身
透亮
透气
凸
凸显
秃
突发
突破口
图表
图钉
图纸
徒
屠
屠杀
土匪
土生土长
团队
团聚
团体
团员
团长
推迟
推辞
推动
推翻
推进
推来推去
退步
退出
退换
退回
退却
退让
退缩
退休金
退役
褪
褪色
吞没
拖欠
脱身
驼
妥当
椭圆
唾沫
唾液

W

挖掘
挖空心思

挖苦
瓦特
歪曲
外宾
外观
外交
外界
外来
外力
外貌
外企
外人
外甥
外孙
外向
湾
豌豆
玩意
顽固
宛如
挽回
挽救
挽留
晚年
惋惜
万年
万水千山
万无一失
万紫千红
亡羊补牢

王朝
往返
往来
往年
往事
忘我
旺季
望远镜
危及
危急
威
威武
威胁
威严
微薄
微波
微妙
微小
为难
为首
违背
违法
违反
违章
唯
惟
维持
维生素
伟人
伪装

尾气
尾声
委
委员
卫
卫士
卫视
卫星
未曾
未成年人
未免
畏
畏惧
畏缩
谓
喂养
魏
温带
温室
温习
文笔
文采
文静
文科
文盲
文人
文体
文言
文艺
蚊帐

稳固
稳重
问答
握手
乌贼
污垢
污浊
巫婆
无耻
无从
无动于衷
无非
无辜
无关
无关紧要
无悔
无际
无济于事
无拘无束
无名
无能
无能为力
无情无义
无穷
无视
无所事事
无所畏惧
无所谓
无条件
无微不至

无味
无畏
无形
无形中
无须
无需
无言以对
无垠
无与伦比
无缘
无怨无悔
无足轻重
梧桐
午后
武力
武侠
武装
侮辱
舞弊
舞厅
舞姿
勿
物理
物业
物种
物资
误导
误解
误区
悟

雾气

X

夕
兮
西班牙语
西医
吸引
牺牲
悉
稀
稀罕
稀奇
稀少
稀疏
犀牛
锡
熙熙攘攘
蜥蜴
熄火
膝
嬉笑
蟋蟀
习俗
习习
习以为常
席
媳妇
洗涤剂
喜出望外
喜剧

戏曲
细菌
细微
隙
侠义
峡
狭小
狭窄
辖
霞光
下场
下跌
下工夫
下令
下落
下属
下榻
下旬
下意识
下游
下载
下坠
吓唬
夏至
仙人
先辈
先前
纤
掀
鲜活

贤
衔
嫌
显露
显微镜
显现
现成
现今
现钱
限
限制
线路
线条
献身
腺
乡间
乡里
乡镇
相伴
相差
相传
相逢
相隔
相继
相间
相交
相亲
相思
相遇
相约

香樟
祥
享用
响应
想必
想得到
想方设法
想象力
向导
向来
向日葵
巷
相册
相公
相貌
相声
像样
橡胶
消沉
消除
消防员
消化
消极
消散
萧萧
销量
小鬼
小脚
小康
小跑

小票
小巧
小调
晓得
孝敬
孝顺
肖像
校徽
笑颜
啸
邪
邪恶
携
携手
写生
泄
泄气
屑
谢幕
心安理得
心病
心肠
心潮澎湃
心得
心地
心烦
心房
心怀
心急如焚
心境

心旷神怡
心灵手巧
心满意足
心目
心态
心想事成
心血来潮
心眼
心醉
芯片
辛
辛酸
欣
欣喜若狂
欣欣向荣
锌
新潮
新陈代谢
新郎
新绿
新式
新颖
薪酬
薪水
薪资
信号
信号灯
兴奋剂
兴建
星辰

星座
猩猩
刑
行程
行程单
行进
行事
行文
行星
形形色色
形影不离
型号
醒悟
兴致
杏
杏仁
幸
幸存
幸会
幸免
幸灾乐祸
性
性感
性命
凶残
凶恶
兄
匈奴
汹涌澎湃
胸口

胸脯
胸有成竹
休
休假
休克
休闲
休想
休止
修好
修理
修养
羞涩
宿
秀才
秀丽
袖
袖手旁观
锈
嗅
须知
虚度
虚拟
虚荣心
虚弱
虚伪
需求
嘘
许愿
栩栩如生
旭日

序
序幕
叙
续
续写
絮
宣告
玄
玄机
悬崖峭壁
旋律
选拔
选定
选举
选项
选修
绚丽多彩
穴
穴位
学科
学历
学年
学时
学说
学堂
学位
学艺
学员
学者
学子

雪橇
血汗
血红
血迹
血脉
血色
血腥
勋章
熏
寻求
巡警
循
驯
逊

Y

压倒
压迫
押
鸦片
哑
哑巴
哑口无言
烟草
烟囱
烟消云散
烟雨
焉
淹
延
延期

延误
延长
严冬
严禁
严严实实
言行
炎
炎黄子孙
炎症
沿途
奄奄一息
掩
掩耳盗铃
掩护
掩埋
眼界
眼看
眼力
眼色
眼下
演变
演技
演示
演说
厌烦
宴
宴请
宴席
焰火
杨梅

仰慕
仰天
养分
养活
养老
养老院
养料
养生
养育
样品
样式
漾
吆喝
邀
谣言
摇滚
摇摇欲坠
遥控
遥望
药材
药方
要紧
耀眼
椰子
也罢
野马
野蛮
野兽
野外
野营

业余
业主
夜班
夜景
夜色
夜深人静
一把手
一成不变
一带
一道
一度
一端
一鼓作气
一哄而散
一见钟情
一经
一览
一流
一律
一毛不拔
一面……一面……
一年之计在于春
一如既往
一声不吭
一事无成
一瞬
一塌糊涂
一味

一无所有
一无所知
一线
一心一意
一言不发
一言为定
一言一行
一再
伊斯兰教
衣襟
衣衫
衣食住行
衣物
医疗
医学
依次
依据
依然
依偎
依稀
依依
依照
仪表
仪器
宜
宜人
移民
移植
遗
遗产

遗传
遗留
遗失
遗忘
遗物
疑点
疑心
以便
以免
以小见大
以至
以至于
以致
矣
亿万
义工
义务
艺
艺人
艺术家
艺术品
议
屹立
异乡
异样
役
译
易拉罐
益
逸

意料之外
意犹未尽
溢
毅力
毅然
因人而异
因小失大
阴沉
阴沉沉
阴冷
阴凉
阴谋
阴雨
阴云
荫
音调
音像
银河
银装素裹
银子
引号
引人入胜
引用
隐身
隐形
印刷
印章
英里
英明
英雄

英勇
荧光
盈
营救
营业
赢家
影像
应答
应付
应急
应接不暇
应用
映照
硬件
佣金
拥护
庸
永存
涌入
蛹
用功
用户
用途
用心
优良
优先
优越
优质
忧虑
幽灵

幽香
悠久
尤
尤为
由此看来
由此可见
邮包
邮筒
犹豫不决
油菜
油漆
油然而生
油田
油炸
游行
游记
游子
友善
有的放矢
有感而发
有机
有利
有如
有所不同
有望
有效
有效期
有心人
有幸
有意

有余
有朝一日
幼年
幼稚
诱饵
诱惑
淤泥
余地
余年
娱乐
渔船
渔民
愚蠢
愚公移山
愚昧
与此同时
予
宇宙飞船
雨季
雨露
雨丝
语调
语句
郁
郁金香
浴
预订
预定
预防
预感

预告
预料
预先
预言
预祝
欲望
寓言
鸳鸯
冤
元首
元帅
元素
元宵节
园林
园子
员工
袁
原材料
原创
原告
原理
原野
原油
原则
原子
原子弹
圆滚滚
缘分
缘故
猿
猿人
源泉
源头
远程
远大
远古
远航
远近闻名
远行
怨恨
怨气
约会
月初
月色
月食
月夜
乐谱
乐章
岳
岳飞
阅览
跃跃欲试
越冬
云层
云海
云霄
运河
运输
韵

Z

杂技
杂交
杂乱
杂文
杂质
灾区
栽种
再度
再生
再现
在内
在线
在职
在座
暂
暂停
赞不绝口
赞成
赞歌
赞颂
赞许
葬
葬礼
凿
早出晚归
早春
早年
早晚
造福
造假
造型
噪声
责
责任
责任感
责任心
择
怎么着
增多
增进
憎恨
赠
赠送
扎根
乍
宅
债
寨
沾光
粘贴
斩
斩钉截铁
展出
辗转
占卜
占据
占领
占用
占有
战场
战国
战火
张口结舌
张贴
章鱼
长官
长相
长子
掌柜
掌心
杖
帐
账单
账号
胀
招牌
招数
朝气
朝气蓬勃
着迷
找寻
沼泽
召
兆头
照办
照常
照看
照例
照明
遮风挡雨
遮盖
折叠
折射
哲理
哲学
这么着
这样一来
着呢
针对
针灸
侦探
珍
珍宝
珍藏
珍视
真诚
真切
真情
真是的
真真切切
真挚
诊所
振
振动
振作
震惊
镇定
镇静
争辩

争分夺秒
争光
争论
争执
征
征文
怔
挣扎
蒸发
蒸汽
整数
整体
正经
正气
证
证据
证人
郑重
政
挣钱
症
支撑
支出
支付
支配
支援
支柱
知己
知觉
知名

知心
知音
知足
肢体
脂肪
执
执法
直播
直观
直截了当
直径
直觉
侄子
值班
职工
职务
职责
植
止步
止咳
止血
只管
纸张
指导
指挥
指明
指南
指示
指头
指望

指责
至此
至关重要
至极
志向
志愿
志愿者
制
制订
制定
制服
质
质地
质问
挚友
致敬
致命
掷
智慧
智商
置
置身
置之不理
中华民族
中立
中途
中心思想
中型
中性
中游

中原
中止
忠实
终结
终日
钟点
肿瘤
种族
众志成城
重担
重任
周边
咒
咒骂
昼夜
诸
诸葛
逐
逐步
主办
主干
主角
主课
主力
主人公
主题
主席
主张
拄
嘱咐

助威
住所
住宿
住址
注册
注入
驻
著作
拽
专递
专辑
专栏
专题
专心致志
专职
砖瓦
转变
转机
转交
转接
转折点
妆
庄
桩
装扮
装点
壮大
壮胆
壮烈
壮实

壮士
壮志
撞击
追求
追尾
追问
追逐
坠落
缀
捉迷藏
捉摸
桌面
灼
浊
着力
着眼
着眼于
着重
兹
资格
资金
滋润
子弟
自拔
自暴自弃
自称
自大
自古
自家
自理

自立
自满
自强
自强不息
自然而然
自然界
自如
自身
自始至终
自私自利
自相矛盾
自学
自以为是
自在
自主
自尊
自作聪明
字迹
字里行间
字幕
字体
字条
宗
棕色
踪影
总得
总督
总额
总而言之
总量
总体
纵
纵横
走后门
走投无路
走弯路
足智多谋
阻
阻拦
祖
祖传
钻研
罪恶
罪犯
罪名
罪行
尊贵
琢磨
左顾右盼
作案
作弊
作废
作物
作主
座谈会
做工
做主

六级词汇

……分之……
……来讲
……来看

A

爱抚
暧昧
安抚
安居乐业
安宁
安然
安逸
安置
案例
暗杀
黯淡
黯然
昂扬
盎然
遨游
翱翔
傲骨
傲然
懊恼

B

捌
跋涉
把关
霸道
霸占
白驹过隙
摆渡
颁布
斑驳
斑斓
斑纹
版本
半截
包办
包庇
包涵
薄弱
饱和
饱经沧桑
保健
保洁
保守
保鲜
保养
保佑
保障
堡垒
报道
报关
报社
暴动
暴风骤雨
曝光
爆破
卑微
背负
备用
奔波
奔放
奔赴
奔流
奔腾
镑
本性
本着
崩溃
绷带
迸发
必将
闭塞
蔽
弊
弊端
边防
编辑
编排
鞭策
贬低
贬值
变革
变更
变故
变幻
变幻莫测
变迁

辩护
辩证
标榜
标记
标签
标致
标准
飙升
表彰
别具匠心
别具一格
别来无恙
别致
缤纷
濒临
冰清玉洁
并存
波及
波澜
波涛汹涌
波折
剥夺
驳斥
博爱
博大
博大精深
博览会
卜
补偿
补救

补贴
补助
不辞而别
不当
不乏
不分青红皂白
不甘
不堪
不堪设想
不可或缺
不可开交
不屈
不容
不胜
不相上下
不屑
不懈
不言而喻
不宜
布局
步履
步骤

C

擦拭
猜想
才智
财经
财力
财务

采集
参军
参照
残余
惨淡
仓促
苍白无力
苍凉
苍茫
苍穹
沧海桑田
沧桑
藏匿
操控
操劳
操练
操纵
嘈杂
槽
侧重
测算
策划
策略
层出不穷
层次分明
层面
查阅
诧异
缠绵
潺潺

产地
产业
阐述
昌盛
猖狂
长空
长远
常规
常态
偿
偿还
厂商
场景
畅谈
畅通
畅想
畅销
畅游
倡导
倡议
吵嘴
彻夜
撤
撤退
撤销
尘封
沉寂
沉浸
沉沦
沉闷

沉迷
沉痛
沉稳
陈列
陈述
晨曦
衬托
称心
称心如意
称职
成本
成品
成效
呈现
诚信
诚意
诚挚
承办
承受
承载
程度
程序
澄清
逞强
痴迷
驰骋
驰名
迟缓
持久
持续

炽热
充斥
充沛
充实
憧憬
重申
重生
崇敬
崇尚
抽泣
抽象
惆怅
稠密
愁绪
筹码
踌躇
出版
出发点
出境
出具
出入
出息
初衷
橱窗
储备
储藏
储蓄
处方
处境
处世

处置
触动
触犯
触及
触景生情
触摸
矗立
揣摩
传播
传承
传媒
传人
传授
传输
传送
喘息
创始人
创新
创业
创意
创作
吹捧
垂涎三尺
垂涎欲滴
春耕
春晖
春暖花开
纯粹
淳朴
醇厚

戳
啜泣
辞退
慈善
从……看来
从容不迫
从事
凑合
粗略
促
促使
促销
簇
簇拥
催眠
摧残
摧毁
璀璨
脆弱
存根
蹉跎
措施
错落
错落有致
错位

D

耷拉
搭档
打搅
打磨
打喷嚏
打造
大大咧咧
大局
大肆
大体
大无畏
逮捕
代理
代理人
贷
贷款
待遇
怠慢
丹心
担保
担当
担负
耽搁
掸
诞辰
诞生
淡泊
淡季
淡然
淡雅
当局
当事人
当务之急
档案
档次
荡漾
叨唠
导向
导致
捣
倒映
盗
悼念
道听途说
得当
得力
得天独厚
得以
得罪
低劣
抵触
抵押
抵御
抵制
底蕴
递交
递增
掂
颠倒
颠覆
巅峰
典范
典型
典雅
点评
点缀
电钮
电气
玷污
惦记
奠定
殿堂
刁
凋零
雕饰
雕琢
调动
调换
迭起
喋喋不休
叮咛
叮嘱
订阅
定点
定居
定量
定然
董事
动荡
动感
动机
动乱
动态
动向
动员
冻结
督促
嘟囔
毒性
独立自主
堵塞
杜绝
渡船
渡口
镀
端详
端庄
短促
堆砌
对……来说
对应
对照
对峙
兑现
多元
多元化
舵
跺

E

讹
讹诈
额度
厄运
恶毒

恶性
恩赐
恩惠
恩情
恩怨
耳熟能详
贰

F

发奋图强
发行
发酵
发掘
发扬光大
发展中国家
法定
法规
法令
法则
法制
翻腾
烦闷
烦躁
繁多
繁华
繁茂
繁荣昌盛
繁荣富强
繁衍
繁殖
反动

反攻
反馈
反响
反映
犯法
泛滥
范畴
贩卖
方针
防范
防护
防线
防御
防治
妨碍
纺
纺织
放生
放肆
放纵
飞溅
非……才……
非法
绯闻
诽谤
废寝忘食
废墟
沸沸扬扬
分辩

分寸
分队
分红
分裂
分泌
分配
分批
分期
分歧
奋笔疾书
愤恨
丰硕
风采
风餐露宿
风度
风范
风华正茂
风流
风貌
风情
风土人情
风险
风韵
风姿
封闭
封建
封锁
峰回路转
孵化
敷

敷衍
扶持
浮动
浮现
浮想联翩
浮躁
辐射
福利
抚慰
抚育
俯视
俯首
辅助
腐朽
负责人
附带
附和
附加
附件
附属
复合
复苏
复兴
复原
副作用
赋予
富饶

G

改编
改革

改革开放
改建
改良
改邪归正
改造
改装
概括
概念
尴尬
赶赴
感触
感化
感慨
感染力
感伤
感悟
感性
感应
干涉
干预
刚强
刚毅
纲
高产
高调
高洁
高压
高涨
稿件
告诫

告知
疙瘩
搁浅
歌咏
革新
格格不入
格局
隔绝
隔离
各行各业
各抒己见
给以
根基
根据地
根深蒂固
根源
根治
亘古
亘古不变
耕耘
耕种
耿直
哽咽
梗
工序
公道
公分
公关
公然
公务

公益
公约
公证
功绩
功效
攻克
供给
供应
宫廷
恭维
汞
共产党
共识
共享
共性
供奉
勾结
勾勒
构建
构思
构想
构造
够呛
孤寂
孤陋寡闻
孤僻
姑且
古典
古朴
股东

股份
股票
骨干
固有
故人
故障
顾及
顾虑
顾名思义
顾全大局
顾问
挂钩
挂念
关联
关税
关头
观测
观摩
观念
官方
管辖
贯彻
惯例
灌输
光明磊落
广泛
归根到底
归结
归纳
归宿

规范
规格
规划
瑰丽
鬼斧神工
桂冠
国会
国务院
过渡
过失
过问
过瘾

H

海阔天空
酣睡
憨态可掬
含蓄
函数
涵盖
寒暄
捍卫
行情
航道
豪放
豪迈
豪情
号称
耗费
浩瀚
浩浩荡荡

合并
合乎
合伙
合情合理
合身
合资
何曾
何其
何以
和解
和睦
和平共处
和谐
和煦
贺词
赫然
狠毒
横行
衡量
轰动
烘托
弘扬
宏大
后顾之忧
后勤
候选人
呼啸
呼吁
呼应
忽悠

互补
互动
户头
花色
花枝招展
划分
化解
化险为夷
化妆
怀旧
怀恋
欢聚
还原
环节
环绕
缓和
缓解
焕发
荒诞
荒废
荒谬
荒芜
惶恐
蝗虫
恍惚
晃荡
挥霍
挥洒
辉煌
回避

回顾
回击
悔改
毁坏
汇集
汇聚
汇率
会同
会意
贿赂
婚介
浑浑噩噩
浑然一体
混淆
混浊
豁
豁达
豁然开朗
货运
获取
祸害

J

机不可失
机动
机构
机制
积淀
积极性
积蓄
积压

基本功
基金
基石
激昂
激荡
激化
激活
激励
及早
汲取
级别
极端
极其
急功近利
急剧
急于求成
集会
集结
集团
集邮
脊梁
记述
纪念日
纪实
技艺
忌讳
迹象
继
继承
祭
祭奠
祭祀
寄托
寂寥
加剧
家境
家喻户晓
嘉宾
嘉奖
价值
驾驭
驾照
尖端
坚忍不拔
坚韧
坚毅
坚贞不屈
艰险
监督
监护
监控
监视
兼顾
兼职
煎熬
检测
检讨
检验
检疫
减低
减弱
简便
简称
简化
简洁
简历
简陋
简明
简要
简易
碱
见多识广
见解
见效
见义勇为
间谍
间隔
间隙
建树
健全
鉴别
鉴定
鉴赏
鉴于
交叉
交错
交付
交纳
交涉
交手
交相辉映
交易
浇灌
娇惯
胶囊
焦虑
焦躁
皎洁
缴
缴纳
叫嚷
教程
教导
教徒
教养
阶层
阶段
接班
接风洗尘
接轨
接纳
揭
揭发
揭露
揭示
揭晓
街坊
结构
结交
结算
结业
截至
竭尽全力
竭力
解读
解剖
解体
解脱
戒备
届时
借鉴
金融
紧凑
紧迫
紧缩
锦绣
谨慎
进程
进度
进而
进发
进修
进展
晋升
浸泡
浸透
禁锢
禁忌
经费
经营
荆棘
惊诧
惊涛骇浪
兢兢业业
精打细算
精练
精密
精妙
精疲力竭
精辟
精髓
精益求精
颈椎
景致
警戒
径直
竞聘
竞相
敬而远之
敬畏
敬仰
敬重
靖
静谧
静默
境地
境界
境遇
窘迫
纠缠

纠纷
纠结
久违
玖
救济
就业
就职
拘束
居室
鞠躬
鞠躬尽瘁
局部
局面
局势
局限
咀嚼
举世瞩目
举足轻重
具备
剧本
捐献
捐赠
眷顾
眷恋
撅
决策
决口
决战
诀别
抉择
角逐
觉悟
觉醒
绝缘
掘
崛起
爵士
均衡
俊俏
隽永

K

开采
开垦
开辟
开设
开天辟地
开拓
开支
凯歌
凯旋
楷模
刊登
堪称
慷慨
抗衡
抗击
考察
考核
考勤
靠拢
可观
可谓
克制
刻不容缓
刻意
客户
课题
空洞
空旷
空灵
空前绝后
控诉
口岸
枯竭
枯燥
窟窿
苦尽甘来
库存
酷爱
酷似
夸耀
挎
会计
宽恕
款项
狂妄
框架
捆绑
困苦
困扰
扩充
扩展
扩张

L

拉拢
来访
栏目
揽
懒散
烂漫
滥用
滥竽充数
劳动力
牢骚
烙印
涝
类型
冷嘲热讽
冷酷无情
冷清
离谱
里程碑
理财
理念
理性
力图
力争
历来
立意
励志
利弊
利害
利率
利润
利索
利息
栗子
涟漪
联络
联盟
廉价
廉洁
良知
良种
靓丽
晾
疗效
疗养
缭绕
临床
淋漓
淋漓尽致
凛冽
伶俐
灵动
灵魂
灵性
凌乱
聆听
零落
领略
领悟
领养
领域
流畅
流程
流连
流量
流露
流年
流逝
流通
流域
流转
聋哑
笼统
垄断
录用
路子
孪生
掠夺
抡
伦理
轮回
轮廓
论据
论述
论坛
论证
逻辑

络绎不绝
落户
落寞
落实
落选
摞
屡次
履行
履历
略微

M

麻痹
脉络
满载
盲从
毛骨悚然
冒昧
贸易
没落
媒介
酶
霉
门槛
懵懂
懵懵懂懂
梦寐以求
弥漫
迷糊
迷离
迷蒙
迷惘
觅
绵延
免疫
缅怀
面面俱到
描述
渺茫
蔑视
民航
敏感
名篇
铭记
铭记在心
谬论
摸索
模范
模拟
模式
磨砺
磨炼
磨灭
磨损
抹杀
蓦然
漠然
默契
谋害
募捐
暮色
穆斯林

N

纳
纳税
奈何
难堪
难能可贵
喃喃自语
呢喃
内涵
能手
拟定
逆境
溺爱
黏
捻
撵
酿造
袅袅
捏造
凝结
凝聚
凝神
凝望
凝重
宁肯
扭曲
扭转
农贸市场
浓度
浓烈
浓墨重彩
浓缩
浓郁
弄虚作假
暖意
虐待
懦弱

O

呕心沥血

P

拍档
排挤
派遣
攀升
盘旋
判处
判定
判决
叛逆
叛徒
彷徨
培训
赔款
配方
配套
配置
喷射
抨击
烹饪
蓬勃
澎湃
膨胀
捧场
批复
批判
坯
疲惫不堪
疲乏
匹配
媲美
僻静
譬如
偏差
偏见
偏僻
偏袒
偏向
篇幅
翩翩
片断
漂泊
飘零
飘渺
飘逸
瞥
瞥见
贫乏
贫瘠
贫苦
频道
频繁
频率
频频
品位
品行
聘
聘请
聘用
平淡无奇
平添
平庸
平整
评估
评价
评判
评选
凭栏
屏障
萍水相逢
婆娑
迫害
迫使
破产
破除
破例
魄力
菩萨
普及
谱写

Q

沏
栖息
凄惨
凄凉
期限
齐全
其乐融融
祈求
旗号
岂不
岂有此理
企盼
启程
起草
起哄
起诉
气喘
气概
气馁
气色
气势磅礴
迄今
泣不成声
契机
契约
器材
器具
器械
洽谈
恰到好处
恰如其分
恰似
千钧一发
迁就
迁徙
迁移
牵扯
牵引
谦逊
签订
签发
签署
签约
前辈
前程
前俯后仰
前赴后继
前功尽弃
前景
前沿
虔诚
潜伏
潜能
潜移默化
谴责
倩影
枪毙
强化
强盛
强势
强制
敲诈
侨胞
悄然
切身
切实
窃取
惬意
锲而不舍
钦佩
侵犯
侵害
侵入
侵蚀
侵袭
侵占
亲笔
勤俭
勤恳
噙
沁
青梅竹马
轻便
轻蔑
轻盈
氢
倾倒
倾诉
倾听
倾吐
倾向
倾泻
倾注
清纯
清高
清静
清理
清丽
清爽
清秀
清幽
清真
情操
情调
情怀
情结
情景交融
情理
情趣
情思
情愫
情同手足
情意
情有独钟
请柬
请示
庆典
庆贺
求证
区域
驱动
驱散
驱使
驱逐
屈辱
趋势
趋向
渠道
圈套
权衡
权威
权益
全局
全力以赴
全然
全心全意
诠释
蜷缩
劝阻
缺憾
缺失
缺席
雀跃
确保
确立
确切
确信
确凿
群体

R

燃放
瓤
饶恕
扰乱
惹祸
人格
人权
人声鼎沸
人事
人性
人云亦云
人质
忍让
认同
认证
认知
任劳任怨
任命
任凭
任人宰割
任职
任重道远
韧性
日趋
日益
荣耀
容光焕发
融合
融洽

融为一体
柔美
如释重负
如醉如痴
入境
入侵
入手
锐利
睿智
偌大

S

洒脱
塞翁失马
三角
叁
散漫
散布
散心
骚扰
色彩斑斓
瑟瑟
砂
霎时
筛选
删除
煽动
潸然泪下
闪耀
擅自
商标
商讨
商务
商议
赏心悦目
上报
上苍
上层
上进心
上任
上述
上诉
上瘾
烧毁
稍纵即逝
奢侈
奢望
设施
设置
社会主义
社交
涉及
涉外
摄
申报
伸缩
身临其境
呻吟
莘莘学子
深沉
深化
深浅
深切
深情
深情厚谊
深邃
深信
深远
深重
神圣
神韵
审核
审美
审判
审批
审视
渗透
慎重
升腾
生机盎然
生理
生疏
生效
生涯
生育
生殖
声明
声势
声望
声誉
牲畜
圣人
胜任
盛产
盛会
盛情
盛行
失控
失事
失效
失业
失约
师范
师资
施工
施加
施舍
施行
施展
时段
时光荏苒
时髦
识别
实惠
实践
实名制
实施
实事求是
实体
实行
实质
使命
示威
世故
世界观
世外桃源
势必
事理
事务
事项
事宜
事由
侍候
视察
视角
视野
是非
适得其反
释放
释怀
释然
嗜好
收成
收复
收割
收购
收敛
收买
收缩
收益
手法
守法
首创
首脑
首席
首相
首要
受贿
受益匪浅
受罪
授
授权
授予
书橱
书刊
书面
抒怀
梳理
舒畅
舒心
舒展
疏导
疏通
疏远
输出
输送
属性
曙光
束缚
述说
树立

数码
刷新
衰退
爽朗
水产
税收
吮吸
顺畅
顺理成章
顺应
说教
说情
硕士
司
私自
思前想后
思索
思维
思绪
思绪万千
斯文
撕心裂肺
死心塌地
似是而非
伺机
肆
肆虐
肆意
松弛
搜查
搜集
诉讼
肃穆
肃然起敬
素不相识
素养
速成
塑造
酸楚
随波逐流
随时随地
随想
随心所欲
损人利己
损伤
所得
所属
所谓
索赔
索取
琐碎

T

泰然
贪污
瘫痪
坛
谈判
坦诚
坦荡
坦率
叹为观止
探究
探亲
探求
探索
探讨
探头探脑
倘若
逃避
陶瓷
陶冶
特权
特性
特征
特质
藤萝
剔除
提成
提纲
提炼
提取
提升
题记
体裁
体面
体能
体味
体系
体质
剃
替换
天高气爽
天经地义
天籁
天伦之乐
天涯
天主教
恬静
挑食
挑剔
条款
条理
条例
条文
条子
调和
调剂
调解
调侃
调理
调试
挑拨
挑衅
跳槽
贴切
听取
停泊
停歇
停滞
通报
通畅
通风
通告
通俗
通行
通讯
同步
同期
同舟共济
童真
统治
痛楚
投奔
投递
投放
投机
投射
投诉
投掷
投资
透彻
透支
突飞猛进
突击
徒劳
途径
涂抹
推测
推广
推荐
推理
推拿
推敲
推算
推销
推卸
推行
推选
推移
颓废
退还
蜕变
吞噬
吞咽
屯
托付
拖累
拖泥带水
拖延
脱节
脱离
脱落
脱俗
脱颖而出
驮
妥
妥善
妥协
拓宽
拓展

W

瓦解
外行
外籍
外贸
外事
外资
完备
完善
玩弄
宛
宛若
婉约
婉转
汪洋
往昔
妄图
妄想
忘怀
忘却
旺盛
威望
威信
巍峨
为期
违约
围攻
唯独
唯有
帷幕
惟独
惟妙惟肖
惟一
惟有
维护
维修
伪造
委托
委婉
委员会
萎缩
蔚蓝
慰藉
慰劳
慰问
温情
温顺
瘟疫
文凭
文人墨客
文书
文献
文雅
吻合
紊乱
稳当
稳健
稳妥
问世
窝囊
卧薪尝胆
污秽
污蔑
呜咽
诬陷
无病呻吟
无常
无偿
无地自容
无的放矢
无恶不作
无可厚非
无赖
无理取闹
无所作为
无瑕
无暇
无效
务必
务实
物力
物是人非
误差

X

吸毒
息息相关
悉心
淅沥
熄
嬉闹
嬉皮笑脸
嬉戏
嬉笑怒骂
席位
洗涤
洗礼
洗漱
洗刷
喜闻乐见
喜讯
系列
系统
细腻
细致
狭隘
遐想
瑕疵
下达
先锋
先行
先烈
纤维
纤细
掀起
鲜明
闲话
闲适
闲暇
贤惠
娴熟
衔接
嫌弃
嫌疑
显而易见
显赫
显著
险峻
现行
现任
现状
限定
限度
限于
线索
陷害
献殷勤
乡愁
相对
相对而言
相符
相辅相成
相关
相提并论
相通
相依为命
相应
相知
镶嵌
祥和
享福
享乐
享有
项目
象征
逍遥
消费
消耗
消磨
消遣
消逝
萧瑟
萧条
销
销毁
销售
潇洒
哮喘
笑靥
效仿
效力
效率
效益
效应
些许
歇息
协会
协商
协调
协议
协议书

协助
携带
写照
泄露
卸
谢绝
心扉
心声
心弦
心胸
心绪
欣然
欣慰
新近
新兴
馨香
信赖
信念
信仰
信用
信用证
信誉
兴办
兴隆
兴起
兴旺
腥
刑场
行贿
行囊

行尸走肉
行使
行云流水
行政
形式
形势
形态
型
性能
性情
性质
凶狠
汹涌
胸怀
胸襟
雄厚
雄浑
雄壮
休眠
休养
修辞
修复
修饰
修正
修筑
羞耻
羞辱
秀美
嗅觉
虚构

虚幻
虚假
虚荣
虚无
许可
许可证
序言
叙事
叙述
酗酒
蓄
宣称
宣传
宣读
宣誓
宣泄
宣言
宣扬
喧哗
喧闹
喧嚣
悬念
悬殊
旋涡
漩涡
选取
选用
绚烂
绚丽
绚丽多姿

渲染
削减
削弱
学识
学术
学制
雪上加霜
血缘
熏陶
寻常
寻觅
巡逻
循环
循序渐进
训斥
讯
迅雷不及
掩耳
逊色

Y

压缩
压抑
压榨
压制
押韵
轧
延缓
延续
严谨
严峻

严密
言论
研究生
研讨
研制
衍生
掩盖
掩饰
掩映
演练
演算
演习
演绎
厌倦
验
验收
验证
洋溢
养殖
氧化
样本
妖娆
窑
摇曳
咬牙切齿
要点
要领
要素
野心
业绩

业务
夜以继日
液晶
一筹莫展
一概
一贯
一技之长
一举
一举两得
一蹶不振
一鸣惊人
一目了然
一应俱全
医务
依赖
依恋
依托
壹
仪式
怡然自得
姨夫
遗弃
遗体
遗址
遗嘱
疑虑
疑难
已然
以身作则
义无反顾

议程
议会
议员
异想天开
异议
抑或
抑扬顿挫
抑郁
抑郁症
抑制
易如反掌
意境
意气风发
意识
意图
意味
意味深长
意向
意象
意愿
意志
熠熠生辉
因素
阴霾
殷勤
银幕
引导
引发
引进
引经据典
引领
引入
引诱
饮水思源
隐蔽
隐患
隐瞒
隐私
印记
印证
迎合
荧屏
盈利
盈盈
营造
萦绕
应酬
应对
应聘
应邀
映衬
硬朗
庸俗
永垂不朽
永恒
永生
涌动
涌现
踊跃
用具
用心良苦
用意
优厚
优化
优胜
优胜劣汰
优势
优雅
忧郁
呦
幽静
幽幽
悠长
悠然
悠然自得
悠闲自在
悠扬
悠悠
由衷
犹如
油腻
游荡
游历
有声有色
有条不紊
有志者事竟成
黝黑
诱
余晖
愉悦
瑜伽
愚
舆论
与其
与日俱增
予以
羽翼
语重心长
与会
预测
预计
预见
预警
预期
预示
预约
预兆
遇难
遇险
御
寓
寓意
愈……愈……
愈合
愈加
愈来愈
愈演愈烈
渊博
原汁原味
圆满
圆润
源源不断
源远流长
远眺
怨天尤人
约定俗成
约束
阅
阅历
匀
匀称
孕育
运送
运算
运行
运转
运作
酝酿
韵律
韵味
蕴
蕴藏
蕴含
蕴涵
熨

Z

杂乱无章
栽培
宰
再接再厉
载体
暂且
赞助
遭受
遭殃
糟蹋
造就
扎实
闸
诈骗
栅栏
榨
摘要
债务
沾沾自喜
瞻仰
展望
辗转反侧
战略
战术
战役
战战兢兢
站岗
蘸
张灯结彩
张扬
掌管
障碍

招聘
招收
朝夕相处
召唤
召集
兆
照旧
照应
遮挡
遮掩
折服
针锋相对
侦察
珍稀
真谛
斟酌
诊断
阵地
阵容
振奋
振兴
震撼
镇压
争端
争议
征程
征服
征求
征收
征途

症结
拯救
整顿
整合
整治
正比
正规
正视
政策
政府
政权
政治
支离破碎
支流
知识分子
知晓
知足常乐
执行
执意
执照
执著
直视
直抒胸臆
职位
职员
指标
指定
指教
指令
指手画脚

指数
指引
志气
制度
制品
制约
质变
质朴
质疑
炙热
治安
治理
治愈
致词
致辞
致力于
致使
秩序
窒息
滞留
稚嫩
稚气
中介
忠诚
忠于
忠贞
终究
终年
终止
众所周知

周密
周期
周旋
周折
周转
骤然
诸多
诸如此类
诸位
逐年
主导
主观
主管
主流
主权
主体
主义
主宰
瞩目
伫立
助理
助长
注定
注目
注销
注重
驻足
铸
铸就
铸造

专长
专程
专科
专利
专区
专人
专用
专注
转播
转达
转化
转换
转念
转让
转入
转瞬即逝
转型
转载
转折
传记
转悠
撰写
庄严
庄重
装置
状况
追查
追悼
追悼会
追究

追随
追寻
追忆
追踪
谆谆教诲
准许
准则
拙劣
灼热
卓越
着实
着手
孜孜不倦
咨询
姿态
资本
资产
资历
资深
资讯
资源
资助
滋养
滋长
自发
自驾游
自力更生
自述
自卫
自行

自由行
宗教
宗旨
综合
综上所述
踪迹
总裁
纵观
纵横交错
纵然
纵容
纵身
纵使
走访
走私
奏效
租赁
足以
诅咒
阻碍
阻挠
组建
组装
祖籍
攥
罪魁祸首
尊称
遵循
遵照
作风
作息
做东
做作

附录词语表[16]

1. 中华文化特色词条（示例）

阿凡提	共工	孔子	释迦牟尼	天坛	玉皇大帝
包公	故宫	嫘祖	水浒传	王母娘娘	乐谱
曹操	广东	李白	司马光	王羲之	乐章
长安	广州	梅兰芳	苏东坡	西游记	岳飞
佛祖	花木兰	孟子	孙悟空	厦门	郑和
福建	华佗	秦始皇	孙中山	香港	织女
福娃	黄帝	屈原	唐僧	颜真卿	中山陵

2. 东南亚特色词语（示例）

O水准	搭客	非选区议员	固本	黄姜饭	酒廊
阿窿	单选区	菲律宾	固打	基层领袖	句钟
爱之病	抵步	分层地契	官式访问	基督教	捐血
按柜金	店屋	甘榜	国务资政	集选区	可兰经
巴刹	顶限	干案	核试炸	建竣	客工
芭堤雅	恫言	隔邻	红毛丹	健力士	空中巴士
常任秘书	嘟嘟车	工院	红树林	脚车	控状
传召	独立候选人	工作准证	后座议员	接获	来届
串谋	独立人士	购兴	胡姬花	敬师节	乐龄人士

16 附录词表是个半开放的词表，此处列举的词语只是举例性质的。

冷气机	民防部队	沙斯	贪腐	星岛	羽球
联国	拿督	善信	摊还	雅加达	愿景
亮灯	内阁资政	上诉庭	唐人街	亚细安	肇因
榴梿	排屋	烧芭	推事	椰浆饭	执行员
路税	凭单	社理会	脱售	一般上	质素
乱象	婆罗洲	射脚	外府	一次过	终站
落力	普吉岛	食盒	现金卡	一路来	猪笼草
吕宋岛	骑劫	食水	献议	义款	主控官
妈祖	签唱会	嗜毒	小贩中心	异动	组屋
马来西亚	清迈	熟食中心	小印度	因应	
马尼拉	惹兰	私会党	新加坡	印尼	
卖压	肉骨茶	宋干节	新生水	拥车证	
曼谷	入禀	泰国	新血	有者	
湄南河	入息	泰铢	兴都教	鱼露	